# Mis reflexiones sobre Ho'OPONOPONO

Si este libro le ha interesado y desea que lo mantengamos
informado de nuestras publicaciones, puede escribirnos a
comunicacion@editorialsirio.com,
o bien registrarse en nuestra página web:
www.editorialsirio.com

Diseño de portada: Editorial Sirio, S.A.

© de la edición original
2014 Mabel Katz

© de la presente edición
EDITORIAL SIRIO, S.A.

| EDITORIAL SIRIO, S.A. | NIRVANA LIBROS S.A. DE C.V. | ED. SIRIO ARGENTINA |
|---|---|---|
| C/ Rosa de los Vientos, 64 | Camino a Minas, 501 | C/ Paracas 59 |
| Pol. Ind. El Viso | Bodega nº 8, | 1275- Capital Federal |
| 29006-Málaga | Col. Lomas de Becerra | Buenos Aires |
| España | Del.: Alvaro Obregón | (Argentina) |
| | México D.F., 01280 | |

www.editorialsirio.com
sirio@editorialsirio.com

I.S.B.N.: 978-84-16233-14-4
Depósito Legal: MA-865-2015

Impreso en Imagraf Impresores, S. A.
c/ Nabucco, 14 D - Pol. Alameda
29006 - Málaga

Impreso en España

Mabel Katz

# Mis reflexiones sobre Ho'oponopono

editorial  irio

*Dedico este libro a todas las personas
que estén dispuestas a abrir su mente y
a cambiar su vida para siempre.*

# PRÓLOGO

## EL PODER TRANSFORMADOR DE HO'OPONOPONO

El Ho'oponopono es una excelente herramienta para encontrar la paz y el bienestar en nuestra vida. Nos enseña que nuestras experiencias y memorias nublan la conciencia de quiénes somos realmente y nos muestra cómo podemos crear la vida que deseamos.

Todo lo que acontece es el resultado de memorias que se repiten. La mayoría de las que arrastramos provienen de otras vidas y un alto porcentaje de ellas proceden de nuestros ancestros. Además, a medida que vamos creciendo, y con cada día que pasa, adquirimos preocupaciones, temores e inseguridades que dan lugar a creencias limitantes basadas en juicios y opiniones. Finalmente, nos desapegamos de quiénes somos realmente y perdemos nuestra conexión con la naturaleza y el universo de Dios (nuestra fuente).

Las preocupaciones, temores, inseguridades, juicios, opiniones y creencias son solo «errores», y el Ho'oponopono puede ayudarnos a borrarlos. Es así como la práctica del Ho'oponopono nos permite cambiar a través de los años. Con ella comenzamos a percibir y a ver las cosas de forma diferente. Nos mantenemos más presentes y más en cero, lo cual nos permite reaccionar menos y utilizar nuestra energía mental, emocional y física para concentrarnos en lo que verdaderamente deseamos en la vida.

El Ho'oponopono nos vuelve más pacientes, menos temerosos y más felices. Gracias a él tomamos más conciencia de quiénes somos, de por qué estamos aquí, y, sobre todo, entendemos que la gente y los acontecimientos aparecen en nuestra vida para darnos otra oportunidad. La realidad es que lo que nos ocurre y se nos presenta siempre es una bendición, incluso aunque no lo parezca.

Cuando empezamos a confiar más en nosotros mismos, nos damos cuenta de que no estamos solos y entendemos que la vida no tiene por qué ser difícil. Descubrimos que tenemos una parte en nuestro interior que sabe lo que es mejor para nosotros y solo está esperando que le demos permiso para actuar. La vida puede ser más sencilla; somos nosotros mismos quienes la complicamos pensando y preocupándonos constantemente.

Este libro fue una idea de Julián Rodríguez, mi representante en España, y la Editorial Sirio nos ha brindado la oportunidad de publicarlo. Gran parte de su contenido tiene como base las distintas experiencias vividas y acumuladas a través de doce años de convivencia con el maestro y doctor Ihaleakalá Hew Len, y otra parte está basada en mis propias experiencias de vida, primero como madre, contadora, consultora de empresas y especialista en impuestos en los Estados Unidos y después como autora, conferenciante, embajadora de la paz y directora de seminarios. De hecho, este libro ha sido elaborado a partir de una selección de artículos que he ido escribiendo durante todo este tiempo, a los que se ha dado coherencia discursiva.

En esta obra, además de información específica sobre el Ho'oponopono, se incluye una variedad de temas para ayudarte a cambiar tu perspectiva ante los retos y desafíos de la vida, para que puedas reaccionar mejor, estar más consciente, más alerta, y así puedas ser más feliz y vivir más en paz.

Además de temas tan diversos como las relaciones, el dinero, la muerte, las dietas, la depresión, la paz y los niños, el libro está dedicado a ofrecer una explicación de los conceptos centrales del Ho'oponopono. Y uno de los apéndices ofrece una lista de recursos disponibles sobre esta antigua filosofía.

Los conceptos y mensajes que te muestro son sencillos recordatorios de que solo uno mismo puede cambiar su propia vida; no hay nadie fuera de nosotros que nos esté haciendo algo, y cada uno es responsable —no culpable— de las personas y situaciones que atraemos. Este libro busca recordar que la luz y el amor que tanto anhelamos están detrás de cada desafío de la vida, y que cuanto más grandes sean los retos que enfrentamos mayores serán las bendiciones que recibiremos.

Todos buscamos cosas similares en la vida. Deseamos ser felices y estar en paz. Existen muchos caminos que llevan hacia la misma meta y el común denominador de todos ellos es la búsqueda de la verdad única e inalterable. Por supuesto, cada uno de nosotros debe encontrar su propio camino. El Ho'oponopono es el mío. Sé que funciona y es el que a mí me ha cambiado la vida, así como ha cambiado y puede cambiar la de muchos otros. El secreto para ver los resultados está en practicar, practicar y practicar. También es fundamental volverse más humilde, confiar y soltar las expectativas.

En el último taller que di en Israel alguien me preguntó qué hacía yo para atraer a tanta gente. Miré a esa persona y le contesté desde lo más profundo de mi corazón:

—Yo limpio. No sé hacer otra cosa.

En este libro comparto mis vivencias por medio de historias prácticas sobre temas que nos conciernen y nos afectan a todos y que ilustran el increíble camino del Ho'oponopono, que ha resultado ser, para mí, definitivamente el más fácil y eficaz. Espero que resulte así también para ti.

# INTRODUCCIÓN

La pregunta más importante que puedes hacerte es: «¿Quién soy?». Pero, por desgracia, muchos de nosotros estamos tan ocupados «viviendo la vida» (ganando dinero, creando familias, dirigiendo empresas y empezando nuevas carreras) que nunca nos detenemos a pensar quiénes somos en realidad.

El propósito de la existencia es reparar, enmendar y soltar lo que no somos y descubrir quiénes somos en verdad. Mientras soltamos, mientras borramos memorias, redescubrimos nuestro verdadero ser. No estamos aquí para ganar dinero o tener una relación. Estamos aquí para limpiar y ser nosotros mismos. Cuando eres tú mismo, lo demás acude.

Conocerte a ti mismo es darte cuenta de que fuiste creado como un ser único y de que hay algo especial que tú puedes hacer mejor que nadie. Una vez que te des cuenta de qué se trata, lo cual sabrás al descubrir tu verdadero yo, todo lo demás encontrará su lugar.

Este es el secreto del éxito y de la felicidad con respecto al trabajo y a todo lo demás. Hasta que lo aprendí, me sentía agobiada intentando ser perfecta y hacer lo que los demás esperaban de mí. Creía que mi felicidad estaba en las cosas materiales y le prestaba muy poca atención a lo que en realidad quería mi corazón. Solo creía en aquello que podía ver o tocar. Hasta que un día mi hijo me gritó con la misma voz enojada que yo había usado durante años con él. Y de pronto desperté. Entendí que ya era hora de empezar a trabajar en mí.

Mi camino hacia el autoconocimiento me llevó a los principios del Ho'oponopono. ¡Esta enseñanza me salvó la vida! Tras separarme después de más de veinte años de matrimonio abrí mi propia empresa. Salí de mi camino conocido y empecé a confiar en mi sabiduría interior, a dejar que aquella parte mía que sabe más me guiara. Solté las opiniones y juicios de valor de otros y míos, y ahora tengo más de lo que jamás habría imaginado en todas las áreas de mi vida.

Al crecer nos dicen que si no somos perfectos nunca seremos lo suficientemente buenos. Parte de la naturaleza humana es atravesar la vida reproduciendo de forma inconsciente estos «viejos programas» en nuestras cabezas. El día en que me di cuenta de que podía ser yo misma sentí que me quitaba un enorme peso de encima.

El Ho'oponopono te ayudará a soltar lo que no eres tú, para que puedas encontrar quién eres realmente y te quieras. Solo cuando te ames y aceptes a ti mismo podrás amar y aceptar a los demás.

Redescubriéndote encontrarás tu pasión. Encontrando tu pasión y teniendo la confianza necesaria hallarás tu propósito. Cuando halles tu propósito, estarás haciendo lo que amas, y el dinero vendrá.

Haciendo lo que amas serás feliz. Estarás en el lugar correcto en el momento perfecto, y entonces los demás podrán hacer lo mismo.

Sé que cuando practiques Ho'oponopono verás los resultados y todos saldremos beneficiados. Con esta enseñanza aprenderás a asumir el cien por cien de la responsabilidad. Descubrirás que asumir el cien por cien de la responsabilidad es el camino más fácil hacia la paz, la felicidad, el amor, la prosperidad y el éxito.

Cuanto más haces la limpieza del Ho'oponopono y borras todo lo que no eres —las opiniones, los juicios de valor y las creencias (viejos programas)—, más te descubres a ti mismo y más en paz te encuentras.

Permíteme ser la primera en decírtelo si es que aún no lo sabes: estás bien tal como eres. Lo que otras personas piensen de ti no es importante; lo importante es lo que tú creas de ti mismo. Debes aprender a colocarte a ti mismo en primer lugar. La verdad es que si algo no te sirve a ti, no le servirá a nadie. Amarte y aceptarte no tiene nada que ver con el ego. De hecho, si no te amas a ti mismo, no podrás amar a nadie más.

Por eso, inicia hoy mismo la travesía del autoconocimiento. Aprende a conocerte y a quererte. Te lo prometo: en lugar de convertirte en una persona más egoísta, como muchos creen, serás mucho más bondadoso, compasivo y amoroso que antes y, sobre todas las cosas, serás mucho, pero mucho más feliz.

A través del Ho'oponopono descubres tu verdadera identidad. Esa es la clave para obtener el amor, el dinero, la libertad, la paz y la felicidad que has estado buscando durante tanto tiempo. Mediante el Ho'oponopono averiguas cómo:

- Encontrar tu propósito y claridad para tener éxito.
- Mantenerte abierto y flexible para recibir las soluciones ideales mediante la inspiración.
- Soltar el «yo sé» y permitir que la intuición y la inspiración fluyan.
- Borrar esos programas negativos que afectan a tus planes, objetivos y resultados.
- Descubrir cómo estar en frecuencia cero –puesto que estos resultados ideales se consiguen solo estando en la frecuencia cero.

El Ho'oponopono ofrece información práctica y eficaz que te ayudará a cambiar tu vida rápidamente. Descubrirás que los resultados con los que sueñas no dependen de nadie ni de nada fuera de ti. Así es. De ti depende tu éxito. Está todo en tus manos.

Primera parte

# CLAVES DE HO'OPONOPONO

# 1

## MI EXPERIENCIA CON HO'OPONOPONO

### ¿QUÉ ES HO'OPONOPONO?
*Un arte ancestral hawaiano*

Quizá esta sea la primera vez que oyes hablar del Ho'oponopono. Pero probablemente hayas oído hablar de *El Secreto* y de la ley de la atracción. Pues bien, el Ho'oponopono es una pieza importante cuando hablamos de la ley de la atracción.

Después de aparecer en *El Secreto*, Joe Vitale descubrió el Ho'oponopono y al doctor Ihaleakalá Hew Len. En ese momento se dio cuenta de que esa enseñanza ancestral estaba más allá de *El Secreto*.

El Ho'oponopono es un arte hawaiano muy antiguo de resolución de problemas. Los hawaianos originales, los primeros que habitaron las islas, solían practicarlo. El doctor Ihaleakalá Hew Len, mi maestro de Ho'oponopono, afirma que estos hawaianos habían venido de otras galaxias. Actualmente en Hawái, como en todos lados, se practican muchas religiones, de modo que no todos sus habitantes practican el Ho'oponopono. Algunos ni siquiera han oído hablar al respecto.

El Ho'oponopono enseña técnicas fáciles y eficaces de «limpieza». Nos muestra cómo borrar los problemas y dar permiso a esa parte nuestra que realmente *sabe* para que nos traiga lo que es correcto y perfecto para nosotros.

*Ho'oponopono* significa 'enmendar', 'corregir un error'. Según esta filosofía, todo lo que aparece en nuestra vida es un pensamiento, una memoria, un programa en funcionamiento (un error) y se presenta para darnos una oportunidad de soltarlo, de limpiarlo, de borrarlo.

El Ho'oponopono es la tecla de borrar en el teclado de nuestra computadora, y debes pulsarla tú. Por ejemplo, cuando escribes mal una palabra, no le hablas a la pantalla y le dices: «¿Cuántas veces te he dicho cómo escribir bien esta palabra?». Sabes que la pantalla no puede hacer nada al respecto. Puedes hablarle todo el día, pero la pantalla te mira como preguntando: «¿Y qué quiere que haga yo?».

Si deseas cambiar algo, primero tienes que borrar, crear el espacio vacío para llenarlo con la información correcta. El Ho'oponopono nos vuelve al vacío, al cero, donde la inspiración puede aparecer en nuestra vida y guiarnos. De esa manera podemos estar en el momento correcto en el lugar perfecto.

Fue Morrnah Simeona (la maestra de Ihaleakalá) quien nos trajo estas enseñanzas y las actualizó para los tiempos modernos.

## Morrnah Simeona

Morrnah Nalamaku Simeona (19 de mayo de 1913-11 de febrero de 1992) fue la creadora de la Autoidentidad a través del Ho'oponopono. Fundó Pacifica Seminars en los años setenta. Fue reconocida como una *kahuna lapa'au* (sanadora) en Hawái y distinguida como un Tesoro Viviente por el Estado de Hawái en 1983. En una ocasión declaró:

> El principal propósito de este proceso es descubrir la Divinidad dentro de uno mismo. El Ho'oponopono es un profundo regalo que nos permite desarrollar una relación mutua con la Divinidad dentro de nosotros y aprender a pedir que en cada momento nuestros errores de pensamiento, palabra y acción sean limpiados. El objetivo de este proceso es esencialmente lograr la libertad, la completa libertad respecto del pasado. Limpia, borra, borra y encuentra tu propia PAZ. ¿Dónde? Dentro de ti.

La Autoidentidad a través del Ho'oponopono utiliza técnicas para crear una cooperación mutua entre las tres partes de la mente o el ser: el subconsciente, el consciente y el supraconsciente. Esto nos permite reclamar nuestra conexión interior personal con el amor, con nuestra fuente divina, lo cual nos trae paz, armonía y libertad.

La versión actualizada de Morrnah de esta antigua filosofía es un verdadero tesoro. Antes de esa versión, la forma de practicar Ho'oponopono decía que toda **la familia debía** estar presente. Existía un moderador y cada **miembro tenía** la oportunidad de perdonar y ser perdonado **por los demás.** Hoy en día, no viven juntos o tan cerca com**o alguna vez** lo hicieron. Reunir a la familia completa y ubica**r a todos en un** lugar al mismo tiempo no sería muy fácil.

### El doctor Ihaleakalá Hew Len

El doctor Ihaleakalá trabajó, viajó y presentó **esta enseñanza** junto con Morrnah **durante años.** También actualizó **la Autoidenti-** dad a través del Ho'oponopono para hacer esta **enseñanza aún** más fácil y más **aplicable a los** tiempos modernos. **El proceso** se individualizó para que pudiese ser practica**do estando la** persona sola, pero trabajando igualmente de **forma muy efi-** caz en toda su línea genética.

No hay otros ahí fuera. Lo que vemos en **el exterior es** tan solo un reflejo de los pensamientos o memoria**s que tene-** mos acerca de las personas o situaciones que **nos rodean.** De ese modo, asumimos el cien por cien de la **responsabilidad** y limpiamos esas memorias. Lo que se borra **de nosotros se** borra de los demás: de nuestra familia, pariente**s y ancestros,** e incluso de la Tierra. Se borra de todo. No tienes **que estar** en presencia de otros para pedir su perdón o **para perdo-** narlos; puedes hacerlo desde tu propio hogar. **Las memorias** están todas dentro de nosotros; a medida que **limpiamos, lo** que se elimina de nosotros se eliminará de los **demás sin la** necesidad de estar en su presencia o de tener que hablar con ellos.

Una vez Ihaleakalá me dijo:

—Si les hubiera dicho hace diez años que no había nadie fuera, habrían salido corriendo tan deprisa como hubiesen podido. Ahora estamos listos para considerar la idea de que solo existen nuestros pensamientos (memorias) y los de nuestra familia. No existe nada realmente «allí fuera»; todo está dentro de nosotros y de nuestras memorias.

Recuerdo una tarde en la que Ihaleakalá volvió de una caminata con lágrimas en los ojos y me dijo:

—Me acabo de dar cuenta de que todo lo que Dios nos está pidiendo es que cuidemos muy bien de nosotros mismos y digamos «lo siento» como niños pequeños. Eso es todo.

## Ho'oponopono, Huna y *El Secreto*

Hay personas que me preguntan si Ho'oponopono es lo mismo que Huna, o que *El Secreto*.

En cuanto a lo primero, Ho'oponopono y Huna no son lo mismo. El Huna fue creado por el hombre. El Ho'oponopono procede de otras galaxias. El Huna viene más de forzar al subconsciente a atraer lo que pensamos que es correcto para nosotros. El Ho'oponopono viene del amor.

En cuanto a lo segundo, con *El Secreto* uno le dice a Dios lo que desea. Con el Ho'oponopono le damos permiso a Dios para que nos guíe. No le decimos qué hacer. *El Secreto* asume que somos conscientes de todos nuestros pensamientos y que sabemos lo que es correcto y perfecto para nosotros, mientras que el Ho'oponopono nos enseña que solo Dios sabe lo que es correcto y perfecto para nosotros.

## ¿CÓMO LLEGUÉ A ENSEÑAR HO'OPONOPONO?

Asistí a mi primer seminario con Ihaleakalá en julio de 1997 en Omaha (Nebraska). Ahí fue donde lo invité a venir a Los Ángeles. Después de un par de seminarios me di cuenta de que había encontrado *el camino más fácil* que tanto había estado buscando.

A lo largo de los doce años que viví con Ihaleakalá viajé con él a Ámsterdam, Bruselas, Francia, Inglaterra, Argentina y muchos lugares de los Estados Unidos. Presenté seminarios con él y tuve la bendición de ser testigo de muchos hechos que no se ven o se comparten con el público en general. Él compartió conmigo las herramientas de limpieza que le surgían durante sus consultas, seminarios, meditaciones y sus largas caminatas en Woodland Hills, a las afueras de Los Ángeles.

Entre los años 2000 y 2001, y especialmente porque Ihaleakalá se retiró un tiempo y no enseñaba, sentí en mi corazón que yo podía enseñar Ho'oponopono. Pedí la aprobación a The Foundation of I, Inc. (Freedom of the Cosmos). Ellos meditaron —ya que los secretos del Ho'oponopono no se pueden incorporar de un modo racional, sino que son «adquiridos» por quienes conviven con ellos— y me dieron su consentimiento. Fue entonces cuando comencé a enseñar.

Enseñé la Autoidentidad a través del Ho'oponopono en nombre de la fundación durante varios años, hasta que, en 2004, pedí que se meditara sobre la posibilidad de que yo pudiera crear mis propios seminarios de Ho'oponopono utilizando el material de la fundación. Y obtuve el permiso.

La primera vez que se presentó el Ho'oponopono en Irlanda fue de la mano de Mary Koehler y yo. Fue muy curioso, porque Ihaleakalá se inscribió como alumno.

En noviembre de 2008, después de muchos años de dedicarme a dos trabajos, la inspiración me indicó que había llegado el momento de dejar mi muy estable profesión de contadora especializada en impuestos en Los Ángeles. En aquel momento no tenía ahorros ni estaba libre de deudas; todo lo contrario. Pero, como cada vez que hice cosas ilógicas, que tomé decisiones sin sentido y confié, obtuve los resultados más asombrosos.

Ahora estoy libre de deudas y viajo por el mundo enseñando Ho'oponopono de una manera práctica y muy concreta, gracias a invitaciones que me llegan constantemente. El secreto del Ho'oponopono se aplica perfectamente al cambio de paradigmas que vivimos en estos momentos.

# 2

## HO'OPONOPONO
## Y LAS MEMORIAS

### ESTÁS CONDICIONADO POR TUS MEMORIAS

Todos tenemos pensamientos que nos limitan, tales como «no me lo merezco», «no tengo suficiente educación» o «nací pobre y voy a morir pobre», que tal vez no percibimos a nivel consciente, pero que son obstáculos que nosotros mismos nos ponemos. Es importante que sepas que todos tus problemas son una memoria que se reproduce en tu subsciente. No se encuentran en el mundo físico. ¡La dificultad es causada por la memoria o el pensamiento que es quien crea tu problema en el nivel físico!

¿Sabías que el noventa por ciento de nuestras memorias vienen de nuestros ancestros y que las hemos estado acumulando durante una infinidad de vidas, de modo que nacemos con ellas? Así pues, la mayoría de nuestros problemas provienen de nuestros antepasados. Por ejemplo, si sabes que en tu familia hubo diabetes, dices: «Sé que voy a tener diabetes porque hay antecedentes en mi familia». Aquello en lo que pensamos que basamos nuestras decisiones a veces tampoco tiene nada que ver con los pensamientos del momento. El mundo está todo el tiempo, y a lo largo de toda la vida de las personas, manejado por información proveniente de memorias, la mayoría de las veces procedentes de otras vidas. Por eso es tan difícil que el intelecto lo pueda entender.

Cuando sucede algo entre otra persona y tú, lo que se presenta no tiene nada que ver contigo ni con ella. Solo se trata de memorias. Recuerda esto: cuando ves a la otra persona o el problema, en realidad no estás viéndolos a ellos verdaderamente. Ves solo las memorias tuyas de tal persona o tal problema.

Vemos las cosas a través de cortinas de humo, y por eso no las vemos claramente. Todo está contaminado por nuestras memorias, y por lo tanto por nuestros juicios, creencias, opiniones, juicios de valor, expectativas y temores. Tal vez creas que eres libre, pero en realidad eres esclavo de tus memorias, de tus programas que te dicen lo que es bueno y lo que es malo, correcto e incorrecto. Aunque estén a nivel subconsciente, de todos modos estos pensamientos te controlan y toman decisiones por ti permanentemente. Están atrayendo y creando tu vida y muchas veces impiden que alcances tu verdadero potencial y tu paz interior.

Ahora permíteme hacerte una pregunta: cuando vas al cine, ¿la película está en la pantalla o en el proyector? La gente y las circunstancias son como las pantallas. Tratamos de convencer a la pantalla de que tenemos razón. Queremos que la pantalla cambie..., pero no podemos cambiar lo que ocurre en ella. Si deseamos que las cosas cambien en nuestra pantalla necesitamos cambiar nosotros. La película está en nuestro interior. Nosotros somos el proyector.

¿Sabes que todos estamos intentando explicarnos el propósito de nuestra vida? Tengo una noticia para darte: nuestro propósito es limpiar y soltar cualquier cosa que no sea nosotros mismos. No somos nuestras memorias. Estamos más allá de ellas, pero somos responsables de limpiarlas. Como dijo hace mucho tiempo Shakespeare, ¡el mundo es un gran escenario y todos somos grandes actores!

Me imagino que estarás tratando de comprender estos conceptos, pero no hay nada que necesites saber o entender. Piénsalo. Mientras estás sentado frente a la computadora trabajando con cierto programa, ¿tienes idea de cuántos otros programas están funcionando por detrás? Sin embargo, no es necesario que sepas o entiendas todo lo que sucede cuando usas la computadora. Solo necesitas saber que existen distintos programas que están funcionando. Ocurre lo mismo cuando aprietas la tecla de suprimir; no necesitas entender cómo funciona para lograr el efecto de borrar. Tú solo pulsas la tecla.

Del mismo modo, puedes no comprender de dónde vienen o por qué suceden las cosas o cómo aparecen, y no necesitas saberlo. Tu único trabajo es soltar, borrar. Cuando haces esto, lo que se borra de ti se borra también de la otra persona y de las circunstancias. Y en ese momento comienzas a ver el cambio. Pero no es que los otros cambien; eres tú el que se transforma. A medida que sueltes tus opiniones y juicios de los demás, los verás y experimentarás de forma diferente. También puedes borrar la memoria de una enfermedad hereditaria antes de que se manifieste, así como las memorias relacionadas con tus problemas emocionales o de falta de dinero, o con los desafíos en las relaciones. La confusión, el miedo o la ansiedad también son memorias y podemos borrarlas, soltarlas. La próxima vez que suceda algo en tu vida, la próxima vez que surja un problema, asegúrate de verlo como una bendición. Considéralo como una oportunidad de soltar, enmendar y liberarte; como una oportunidad de crecer y seguir descubriendo quién eres en realidad. Ser o no ser, esta es la cuestión.

## ¿Buscas la paz?

La paz comienza en nosotros. Siempre estamos esperando que las cosas se resuelvan, que cambien «fuera» de nosotros. Pero, en realidad, cuando estamos en paz todo y todos cambian.

A medida que sueltas todo aquello que no forma parte de ti puedes hallar esa paz de ser tú mismo, de saber mejor. Cuando despiertas eres más consciente. Puedes observar sin conceptos previos. Cuando experimentas la verdad, tus experiencias son totalmente diferentes. Puedes apreciar la vida de un modo distinto. Percibes los árboles, las hojas que caen y el océano como nunca antes los habías visto. Caes en la cuenta de que has estado ciego todo este tiempo. Al apreciarte más a ti mismo, puedes apreciarlo todo y a todos a un nivel nunca imaginado.

Hallarás más paz cuando logres observar en lugar de dejarte llevar. Cuando sueltes las memorias, lograrás ver del mismo modo en el que ve Dios y no tendrás la necesidad de reaccionar con opiniones y juicios de valor cada vez que ocurra algo.

Una cosa que necesitas tener en mente para estar en paz es que los actos negativos o destructivos no forman parte de la naturaleza humana. Estas acciones son solamente memorias que se repiten en la mente. Cuando alguien hace algo que no te gusta, debes ser consciente, ser capaz de observar y saber que en ese momento la persona no está siendo ella misma. Está actuando impulsada por sus memorias y no puede evitarlo.

# 3

## LA LIMPIEZA DE HO'OPONOPONO

### TÚ ELIGES

Dios te otorgó el don del intelecto para que pudieses elegir; no para llenarte de conocimientos ni para obtener títulos universitarios. Pero ¿para elegir qué? Debes decidir si prefieres seguir a Dios o tus memorias y programas; en otras palabras, si quieres soltar o permanecer enganchado.

El Ho'oponopono es una manera de pedir ayuda y dar permiso. Es optar por hacer las cosas a la manera de Dios en lugar de a nuestra manera. Esa es la ley del universo: cada vez que llamas a una puerta, la puerta se abre. Cuando pides ayuda, la ayuda siempre viene.

Soltar es dar permiso a una mente más inteligente que la nuestra para que opere. Algunos la llamamos Dios, pero no importa cómo te refieras a ella; tienes que aceptar que hay una mente más inteligente que la tuya, una mente que creó el cuerpo humano, las montañas, las flores y los océanos, cosas que ni tú ni yo podemos crear.

Por favor, ten en cuenta que estás eligiendo las veinticuatro horas del día, los siete días de la semana. Lo haces todo el tiempo. Es decir, tus programas son los que eligen por ti todo el tiempo, a menos que tu intelecto decida hacer algo diferente (la limpieza) de forma consciente.

¿Qué significa elegir la limpieza? Significa que cuando aparece un problema tu intelecto está dispuesto a asumir el cien por cien de la responsabilidad de las memorias que han ocasionado el problema y está dispuesto a que sean borradas. Puedes usar cualquiera de las herramientas del Ho'oponopono para hacer esto. También puedes recibir tus propias herramientas a través de la inspiración. Limpiar es pedirle a la Divinidad que corrija errores del pasado. Es una manera de darle permiso a la Divinidad para borrar lo que no funciona y estamos listos para soltar. ¡Dios está esperando que le des permiso para actuar!

¿Por qué no podemos soltar todas las memorias de una sola vez? Bueno, no es tan sencillo. Es importante que nos demos cuenta de que nuestro cuerpo también está formado por memorias, y si Dios nos las quitara todas de golpe, nuestros cuerpos no lo soportarían. El doctor Ihaleakalá dice que si esto sucediera, nuestros cuerpos parecerían uvas pasas.

## ¿CÓMO FUNCIONA LA LIMPIEZA?

Cuando el intelecto elige asumir el cien por cien de la responsabilidad y soltar, esto es como una orden dirigida a la mente subconsciente (el niño interior que hay en ti, o *unihipili*, como se lo llama en hawaiano). Este niño interior es el que almacena todas las memorias y realiza la conexión con tu mente supraconsciente (la parte en ti que es perfecta y sabe lo que estás listo para soltar; *aumakua*, en hawaiano). El supraconsciente o *aumakua* refina la petición que hemos hecho y la presenta directamente al Creador.

Inmediatamente después, el *mana* (como lo llaman los hawaianos) o energía divina comienza a fluir y te limpia espiritual, mental y emocionalmente y, por último, físicamente. La respuesta es automática. Y lo mejor es que el *mana* o energía divina baja también para tu familia, parientes y ancestros.

Ten en cuenta una cosa: el intelecto no puede comunicarse directamente con Dios. La petición se origina en la madre (consciente/intelecto), baja al subconsciente (el niño), luego sube al padre (supraconsciente) y finalmente asciende a la Divinidad. El intelecto no sabe acerca de Dios; nunca ha visto a Dios.

Limpiar es una forma de orar, una forma de pedir, una forma de dar permiso a Dios para que nos traiga lo correcto y perfecto. No importa cómo lo hagas; incluso si piensas que estás hablando directamente con Dios, estás siempre pasando a través del niño interior. Tu niño interior es el que está haciendo la conexión, así que puedes pedirle que suelte y dé permiso a Dios.

Así es básicamente como funciona. Pero tú no tienes que entender el proceso, ni saber de dónde vendrá la bendición o la solución. Únicamente tienes que comenzar la limpieza. ¡Solo hazlo! Cada vez que limpias, algo sucede aunque tú no lo veas o lo sientas. ¡CONFÍA! Solo intenta tener paciencia. Conviértete en un observador de tu propia vida. Tú no eres tus problemas; estás más allá de ellos. Debes permanecer abierto. Elige ser feliz como un niño y te sorprenderás.

## HERRAMIENTAS FUNDAMENTALES
### *La oración de limpieza*

Esta es la oración de limpieza del Ho'oponopono: «Lo siento; perdóname por lo que hay en mí que está creando o atrayendo esto».

¿A quién estás diciendo «lo siento»? A tus enemigos. Tus enemigos son tus memorias, y están dentro de ti. ¿O tal vez te estés diciendo «lo siento» a ti mismo? ¿O acaso estés diciendo «lo siento» a la Divinidad en ti? Nunca lo sabrás y no necesitas saberlo. No necesitas entenderlo tampoco. Solo debes hacerlo. Una vez que la mente consciente o intelecto elige soltar, el proceso de transmutación se desencadena.

No es necesario andar repitiendo la oración de limpieza. Limpiar no era tan fácil hace doce años. A través de los años la limpieza se ha vuelto más sencilla. Por favor, no lo tomes a la ligera: implicó un montón de limpieza por parte de mucha gente durante muchos años llegar adonde estamos hoy.

Cada herramienta es sagrada, aunque a veces parezcan ridículas o demasiado fáciles. Como dice Ihaleakalá: «Dios no sabe qué más hacer para hacerlo más fácil para que lo hagamos».

Cada herramienta es un proceso de limpieza en sí misma. Toda la oración de limpieza ya está incluida en cada una de las herramientas del Ho'oponopono.

Las herramientas son como los iconos que hay en la pantalla de la computadora. Solo tienes que hacer doble clic; no necesitas entender cómo se abre el programa o qué pasa luego.

## *Di «gracias», di «te amo»*

Para limpiar basta con que repitas mentalmente «gracias» o «te amo». Toda la oración de limpieza está incorporada ahí. Cuando dices «te amo» o «gracias» en tu mente, estás soltando; estás dando permiso a la Divinidad para que resuelva tus problemas. El doctor Ihaleakalá siempre dice que si supiéramos lo que sucede cada vez que decimos «gracias» o «te amo», no dejaríamos de decirlo nunca. Estaríamos limpiando (soltando) constantemente. Así pues, ¡«gracias» y «te amo» son las contraseñas!

Mis viajes me han dado muchísimas oportunidades de decir «gracias». A veces viajar representa desafíos, como cuando me robaron el pasaporte y el móvil o cuando mis maletas llegaron tres días más tarde a Holanda. En ese momento, dije: «Gracias». Decir «gracias» cuando tienes problemas en vez de preocuparte es una parte extremadamente importante del Ho'oponopono.

Decir «gracias» es una forma de soltar lo que parece ser un problema y permitir que la inspiración aparezca con la respuesta perfecta y la solución correcta para nuestro «problema». Di «gracias» sin apegos ni expectativas. Agradece ese tiempo en que te mantienes abierto y flexible.

Uno nunca sabe lo que puede venir como resultado de decir «gracias». ¡Estate abierto a los milagros!

Recuerda que cada acontecimiento o persona que aparece en tu vida es una oportunidad de liberar, de soltar. Es importante agradecer siempre y entender que de nosotros depende aprovechar estas oportunidades.

Hablemos ahora un poco del «te amo». Hay personas que me preguntan: «¿Por qué debo amar mi dolor?» o ¿Por qué debo amar tener cáncer?». Hay que tener en cuenta que aquello a lo que nos resistimos persiste. Si dices «te amo» al cáncer, es una manera de soltarlo y no resistirse a él.

El dolor a veces puede ser algo positivo y la enfermedad, una bendición encubierta. Puedes soltar memorias a través del dolor, ya que, como dije, nuestro cuerpo está formado por memorias. Cuando limpiamos, lo hacemos para estar en paz con el dolor, en paz con el cáncer; decimos «te amo» como una forma de soltar y permitir a Dios realizar la sanación. El amor puede sanarlo todo. Ahora bien, no lo hacemos para que el dolor o la enfermedad se vayan; eso serían expectativas. Y no es conveniente tener expectativas.

## Perdona

El perdón es un componente fundamental de la oración de limpieza del Ho'oponopono («*perdóname* por lo que hay en mí que está creando o atrayendo esto»). La única forma de liberarnos es a través del perdón. El perdón, entre muchas otras cosas, incluso abre las puertas a la prosperidad.

La gente que se presenta en tu vida viene a darte otra oportunidad de perdonar en tu corazón y liberarte. Las personas con las que vives, con las que trabajas, son aquellas con las que tienes más «cosas» que limpiar. Aunque lo más importante es el perdón a nosotros mismos.

Perdonar nos permite cerrar una puerta para que otra mejor y más grande pueda abrirse. Es la posibilidad de empezar de nuevo. Es como volver a *cero*. Cuando estamos en cero, todo es posible; volvemos a ser niños, abiertos, flexibles y curiosos. Nos liberamos de los rencores, las preocupaciones y las expectativas. Shakira, en su canción *Waka Waka*, dice: «Necesitamos empezar de cero para tocar el cielo».

Si estás despierto, si sabes quién eres realmente, no tendrás problemas para perdonar y perdonarte. Es más fácil de lo que piensas. No necesitas aprenderlo, ya que nacimos sabiendo perdonar; es algo natural en nosotros.

Algo que a mí me ayudó mucho fue darme cuenta de que cuando no perdono a la persona que pienso que no se merece mi perdón en realidad me estoy haciendo daño a mí misma; no a la otra persona. Llega un momento en el que debemos querernos lo suficiente para no lastimarnos más. Fíjate en que en casi todas las filosofías antiguas el perdón está siempre presente como una de las claves para conseguir esa paz y felicidad que tanto añoramos.

En el Ho'oponopono no necesitas hablar o decirle a la otra persona que la perdonas. En vez de eso, trabajas con las memorias (programas) que hay dentro de ti, es decir, los pensamientos que tienes en relación con esa persona o esa situación en particular. El perdón en Ho'oponopono es un trabajo interior, porque, como vimos, no hay nadie fuera de nosotros haciéndonos nada. Este trabajo es sencillo y tremendamente eficaz porque lo que se borra de nosotros se borra de los demás, especialmente de nuestros parientes, familiares y ancestros.

El doctor Ihaleakalá siempre dice: «Un problema no es un problema, a menos que digamos que lo es, y el problema no es el problema. El problema es cómo reaccionamos al problema». El dolor es inevitable, pero el sufrimiento es optativo. Todas las situaciones de nuestra vida son una bendición, aunque no lo parezcan. Di «gracias» a todas ellas.

Muéstrales la otra mejilla, la mejilla del amor, perdónate y perdona. Así encontrarás tu libertad.

## Cuida de tu niño interior

El proceso de limpieza puede ser mucho más sencillo si trabajamos con nuestro subconsciente (nuestro niño interior), porque esta parte es la que guarda las memorias. Por lo tanto, es el niño interior el que manifiesta nuestra realidad. Es crucial desarrollar una fuerte relación amorosa de confianza con nuestro niño interior para poder cambiar nuestra realidad. Él puede hacer que este viaje sea mucho más fácil.

Puedes hablar con tu subconsciente en cualquier momento: mientras conduces, mientras esperas en una cola... Es importante que le digas «te amo» y «gracias» a esta parte tuya tan frecuentemente como puedas. Estas son excelentes herramientas para usar con el niño interior: puedes darle las gracias por ocuparse de tu respiración, por atender tu cuerpo, por bombear tu corazón.

Cuando hablas con él, en verdad estás limpiando. En otras palabras, el cuidado de tu niño interior también es una herramienta de limpieza. Tal vez quieras pensar en todo lo que deseas soltar física y emocionalmente; en este caso, pídele a tu niño, con amor y compasión: «Por favor, suelta». Trabaja con él desde el amor, sin forzar como cuando haces afirmaciones.

Amemos a nuestros enemigos, quienes, como dije, son solo las memorias almacenadas en nuestro subconsciente o niño interior. No nos resistamos a nuestros enemigos. El amor puede sanar cualquier cosa. Recuerda que tu niño interior no solo almacena tus memorias y dirige tu cuerpo;

también es la parte de ti que hace la conexión con la mente supraconsciente y entre esta y la Divinidad. Tu niño interior también es el que lo manifiesta todo en tu vida.

Háblale a tu niño. Abrázalo mentalmente, sostenle las manos. Un hombre puede tener un niño interior que sea niña y viceversa, así que no tengas expectativas. Puedes ver o escuchar a este niño cuando le hablas, pero reitero que no debes tener expectativas.

Cualquier momento es bueno para hablarle a tu *unihipili*; tal vez quieras decirle: «Lo siento por todas las vidas en que te he descuidado, en que te he ignorado». Tal vez quieras prometerle y reafirmarle a este niño en ti que no lo volverás a abandonar.

Si estás buscando el compañero perfecto, tu niño interior lo es. Él es a quien buscas.

### ¿Cuál es la herramienta correcta para usar?

No importa qué herramientas uses; todas son intercambiables. La razón por la cual hay muchas es que todos tenemos gustos diferentes. Debes usar aquella que sientas correcta para ti. Cuando un problema aparece, por favor, pregunta: «¿Cómo limpio esto?». Puede que oigas la respuesta o seas guiado a hacer algo. Ihaleakalá dice que si escuchas algo ridículo lo hagas, porque has escuchado bien. Dios tiene un gran sentido del humor.

También puedes tener tus propias herramientas de limpieza. Cuanto más limpies, más estarás en cero. En la frecuencia cero recibes nueva información, nuevas ideas. Actúa según esta nueva información sin pensar. Confía en tu propia inspiración. Dentro de ti tienes todas las respuestas.

*Las afirmaciones y visualizaciones: ¿son herramientas?*

¿Sabías que solo eres consciente de dieciséis bits de información por segundo, cuando en realidad hay once millones de bits de información por segundo que ignoras que están en tu mente todo el tiempo? Estos bits son las memorias pasadas de las que he estado hablando.

Cuando afirmamos y visualizamos, manipulamos solo los dieciséis bits de información de los que somos conscientes. ¡Esos dieciséis bits creen saber qué es lo correcto y perfecto! Con el Ho'oponopono aprendemos a soltar y dar permiso a Dios. La limpieza del Ho'oponopono nos abre a la bondad del universo y de Dios y trabaja con los once millones de bits de los que no somos conscientes. Cuando soltamos y lo entregamos al universo, el universo/Dios puede transmutar por nosotros sin que necesitemos saber siquiera cómo funciona el proceso. Esto es lo que Joe Vitale advirtió cuando descubrió el Ho'oponopono, y es el motivo por el que dijo: «El Ho'oponopono está más allá de *El Secreto*».

Las afirmaciones le dan órdenes a Dios acerca de qué hacer por nosotros, como si supiéramos mejor que Dios lo que es correcto y perfecto para nosotros, como si Él fuera nuestro sirviente. Con el Ho'oponopono y la limpieza le damos permiso a Dios, quien sabe más, para que nos traiga aquello que es correcto y perfecto. Él no necesita que le des indicaciones sobre qué hacer, cómo hacerlo o cuáles deberían ser los resultados. Así pues, ¡mejor quitémonos de en medio! Además, con las afirmaciones estamos intentando forzar al niño interior: por ejemplo, cuando te oye repetir «estoy feliz, estoy feliz», el niño sabe que es mentira.

Lo mismo es aplicable a las visualizaciones. Es Dios quien está creando cuando usas cualquiera de las herramientas del Ho'oponopono. Si puedes ver el trabajo de Dios, la transmutación de Dios, me alegro por ti. Pero no eres tú quien lo está haciendo. Tu trabajo solo es decirlo y luego permitir que Dios cree.

El reverendo Michael Beckwith asegura que las afirmaciones son como los juguetes de un jardín de infancia. Despertamos, jugamos con ellas y nos damos cuenta de que somos poderosos y buenos manipuladores. Hasta que nos graduamos y podemos ser nosotros mismos. Ese es nuestro trabajo, *ser*. Cuando eres tú mismo, fluyes, le das permiso al universo para que te guíe, te proteja y te ubique en el lugar correcto en el momento correcto.

En cualquier caso, debes hacer aquello que funcione para ti. No tengo duda de que las afirmaciones y las visualizaciones pueden funcionar. Somos así de poderosos. Creamos con nuestros pensamientos. Sin embargo, ¿no es mucho más fácil repetir «gracias» o «te amo», soltar y darle permiso a Dios, que nos creó y nos conoce mejor que nadie?

Hace varios años que practico soltar y dar permiso, y puedo asegurarte que hoy tengo mucho más de lo que podría haber pedido. Ni en mis sueños podría haber imaginado la vida que vivo hoy.

## ¿CUÁNDO PRACTICAR?

Mucha gente me pregunta si medito. Mi respuesta es «no». Es decir, si me preguntas si medito quince minutos por la mañana y quince minutos por la noche, la respuesta será «no», porque en realidad siempre estoy meditando. Mi meditación es el Ho'oponopono. Esta meditación se practica las veinticuatro horas del día, los siete días de la semana y los trescientos sesenta y cinco días del año. Esto debe hacerse porque nuestras memorias y programas están siempre presentes en nuestra mente, en todo momento.

Déjame ponerte un ejemplo: piensa en un reproductor de CD. El CD está sonando pero tal vez el volumen está bajo y tú no lo oyes. Nuestras memorias en verdad transcurren continuamente; lo que ocurre es que a veces el volumen está bajo. Por eso es tan importante limpiar todo el tiempo, momento a momento. Limpiando todo el tiempo previenes que las cosas sucedan. Nunca sabes cuántas puertas has cerrado y cuántas –que no se habrían abierto jamás– se abrirán de par en par. Yo siempre coloco a Dios (al Amor) primero en lugar de las memorias, en todo momento, a cada paso que doy, con cada decisión que tomo.

Así pues, nuestra meta debería ser aprender a hacer Ho'oponopono continuamente, incluso durante la noche. El Ho'oponopono es un proceso constante, para toda la vida. Lo ideal es ser guiados y protegidos todo el tiempo; actuar impulsados por la *inspiración* y no por nuestros programas que creen que saben. Además, tenemos mucho para limpiar y necesitamos toda la ayuda de nuestro niño interior.

Veamos ahora cómo gracias a nuestro subconsciente podemos estar limpiando las veinticuatro horas.

Tus hijos no te escuchan: te observan. Lo mismo ocurre con tu niño interior, tu subconsciente. Cuando tu niño interior tiene claro que cada vez que un problema aparece estás dispuesto a asumir el cien por cien de la responsabilidad y practicar Ho'oponopono en vez de brincar de una práctica espiritual a otra, él limpiará por ti. Así como tu niño interior se ocupa de tu cuerpo de un modo constante, de esa misma forma puede limpiar por ti, automáticamente. Para ello, lo reitero, debes seguir una sola práctica. Si realizas diferentes prácticas, tu niño interior se confunde y no sabe qué hacer cuando un problema se presenta.

Mientras estés despierto y consciente, haz lo mejor que puedas para estar limpiando. De esa forma le enseñas con tu ejemplo a tu niño y él te ayudará a limpiar cuanto tú te olvides o no puedas hacerlo por algún motivo.

Si tienes un menú de herramientas o si has hecho un seminario o taller en Ho'oponopono, puedes poner el menú de herramientas debajo de tu almohada. El subconsciente nunca se cansa y nunca duerme. Así es más probable que estés limpiando las veinticuatro horas del día.

Si te vas a la cama preocupado, probablemente no vas a limpiar, por lo que te recomiendo que te duermas limpiando, repitiendo «gracias, gracias, gracias; te amo, te amo, te amo». Hazlo incluso si estás furioso, ansioso o disgustado con alguien; al menos es como si soltaras, y de ese modo es más probable que limpies también mientras duermes.

Te sorprenderá darte cuenta de lo a menudo que, cuando olvidas limpiar, incluso durante el día, tienes la sensación de que tu *unihipili* está en verdad limpiando. Para que esto suceda, es importante que entrenes a tu niño interior, que cada vez que haya un problema asumas el cien por cien de la responsabilidad y lo sueltes.

Los sueños también son memorias, oportunidades para limpiar, por lo que es maravilloso tener a nuestro niño limpiando, incluso mientras dormimos.

## LOS RESULTADOS

¿Cuánto tiempo lleva ver los resultados de limpiar? No hay una respuesta específica a esta pregunta. A veces verás los resultados de inmediato. Otras veces tardarás más. Tú limpias para estar en paz sin importar lo que esté sucediendo. Limpiamos sin esperar resultados específicos dentro de un plazo determinado de tiempo. Estarás en paz incluso si la otra persona no cambia o se va. Puedes estar en paz si tienes dinero o si no lo tienes. Quieres estar en paz sin importar lo que suceda a tu alrededor. El cambio llegará según el tiempo de Dios, no según tu tiempo. Pero tienes que saber que será en el momento perfecto.

## LA ACTITUD CORRECTA
*¡Asume la responsabilidad al cien por cien!*

Tal como nos enseñan la ley de la atracción y el Ho'oponopono, somos cien por cien responsables de nuestra realidad. Somos cien por cien responsables en el sentido de que estamos atrayendo todo lo que llega a nuestra vida. Somos responsables de los pensamientos que atraen y determinan nuestro destino. Y ya sabemos que nuestros pensamientos están muy controlados por nuestras memorias, las cuales hemos estado acumulando desde el comienzo de la creación.

Quisiera aclarar algo: cien por cien de responsabilidad no quiere decir que seas culpable, o un pecador. Significa que eres responsable de las memorias que residen dentro de ti, y por tanto también de los problemas que se manifiestan como expresión de esas memorias.

Tú fuiste creado perfecto. Eres perfecto. Perfecto significa sin memorias, creencias, ataduras o críticas. Las memorias no son perfectas. Nada es lo que piensas que es.

Nuestras memorias aparecen para darnos la oportunidad de aceptar el cien por cien de la responsabilidad y dejarlas ir. La clave para estar en paz es asumir que tenemos toda la responsabilidad y usar cualquiera de las herramientas del Ho'oponopono para reparar y corregir nuestros errores. Cuando soltamos, le damos permiso a la Divinidad para que borre las memorias por nosotros y así poder ser libres.

Si logras aceptar el cien por cien de la responsabilidad de que el otro es solamente la pantalla y que te está mostrando parte de tus memorias que estás listo para soltar, y estás dispuesto a limpiarlas, puedes liberarte y vivir más feliz y en paz.

Imagina lo que sucedería en el mundo si las personas dejaran de considerarse víctimas, de culpar al prójimo y de creer que tienen la razón. Todo esto es solamente un síntoma de que somos ignorantes; estamos adormecidos y no sabemos quiénes somos. Imagina lo que sucedería si todos aceptaran el cien por cien de la responsabilidad. Además, aquello que se limpia y se borra en ti se borra también en los demás. El mundo cambiaría radicalmente, porque cuando aceptamos el cien por cien de la responsabilidad, recuperamos la paz interior y, de ese modo, creamos paz a nuestro alrededor.

## ¡Decídete a soltar!

Soltar se menciona como algo necesario para el crecimiento espiritual, pero puede ser un proceso atemorizante. Mucha gente tiene miedo a soltar porque confunde el soltar con resignarse.

En otras ocasiones decimos que soltamos y damos permiso a Dios, pero nos preocupamos. Decimos que soltamos y damos permiso a Dios, ¡pero pensamos!

Para ver los resultados, es necesario soltar el cien por cien y CONFIAR. También debes ACEPTAR que Dios sabe más y entiende lo que es correcto y perfecto para ti. Debido a que tú no sabes esto, tu tarea es soltar, darle permiso a Dios y estar abierto a las oportunidades que surjan en tu camino.

Es necesario que dejes de crear etiquetas tales como «esto es correcto», «esto es incorrecto», «esto funciona», «esto no funciona». ¡Tú no lo sabes! Tu intelecto nunca lo sabrá.

Cada vez que hacemos nuestra parte y damos permiso (soltamos), Dios hace Su parte (se ocupa de la transmutación). Como nuestro intelecto no puede verlo ni sentirlo, ¡decimos que no funciona! Pero eso solo significa que tenemos mucho para limpiar...; por lo tanto, continúa limpiando y comienza a confiar.

Hay dos leyes universales muy importantes que necesitamos recordar: la ley del mínimo esfuerzo (Ho'oponopono) y la ley del desapego (aceptar que todo es perfecto).

Dios es fácil. La vida es fácil. Somos nosotros quienes lo complicamos todo cada vez que nos enganchamos y reaccionamos en lugar de soltar.

Sé que cuando practiques y confíes verás resultados maravillosos, casi mágicos. Esto te gustará y estarás de acuerdo conmigo cuando digo que este es, sin duda, el camino más fácil.

Saber y conocer Ho'oponopono no funciona. El secreto está en confiar y practicarlo.

¡Relájate!; soltar no es perder el control. Al contrario, soltar significa darle el control a una parte tuya que sabe más.

En primer lugar, tienes *muchísimas* memorias que limpiar y borrar. En segundo lugar, soltar para poder borrar las memorias que no están funcionando te abrirá más puertas y te traerá mejores oportunidades, nueva gente en tu vida y más apoyo.

Gracias a Dios no eres tú quien borra o quien decide qué memorias van a borrarse. Tampoco necesitas pensar y concentrarte en aquello que se está limpiando. Puedes pensar que estás limpiando en relación con una persona o situación específica (el gobierno, la vivienda, el dinero...), pero la realidad es que nunca sabemos qué estamos limpiando; solo Dios lo sabe. Tus memorias están conectadas como en una tela de araña, de modo que cuando sacas una todo se sacude. La persona o situación sobre la que crees estar limpiando es solo el detonante; las cosas nunca son lo que piensas que son.

Tu único trabajo es dar permiso. Una vez que decides asumir el cien por cien de la responsabilidad, la parte de ti que es más sabia, la que te creó y te conoce mejor que nadie —algunos la llamamos Dios— sabrá qué memorias estás listo para soltar. Entonces las borrará y al mismo tiempo te inspirará con las soluciones perfectas a tus problemas.

## OTROS ASPECTOS RELACIONADOS CON LA LIMPIEZA
### Hacer «bien» la limpieza

Haz este trabajo lo mejor que puedas y *no tengas expectativas*. Dios solo está esperando que le des permiso. No existe ninguna manera errónea de hacerlo. ¡Solo hazlo! Lo más importante es que estás dispuesto a aceptar la responsabilidad de lo que hay en ti y a soltarlo, sabiendo que no sabes nada.

Dios (el Amor) puede sanarlo todo. Tu trabajo es el de dar permiso. Esto implica tener fe. Es incierto, tal vez ilógico.

Puede asustar, pero funciona todas las veces, incluso si no lo puedes sentir, incluso si no lo puedes ver.

## Cuando aparecen más cosas al limpiar

Puede ser que, mientras estás limpiando, de pronto percibas más cosas por limpiar. Todo eso ya estaba ahí antes, pero no eras consciente de ello. Ahora lo tienes más claro. Ahora lo entiendes mejor. Dios te dará un montón de oportunidades para limpiar, porque ahora sabes limpiar. Recuerda que todo lo que aparece son realmente bendiciones, oportunidades de crecer y descubrir quiénes somos en verdad. No son pruebas o castigos.

## La intención

«¿Tengo que ponerle intención? ¿Tengo que sentirlo?», suele preguntar la gente. Permíteme hacerte una pregunta: cuando aprietas la tecla de borrar en el teclado de la computadora, ¿lo haces con intención? Cuando lo haces, ¿tienes que «sentir» borrar? ¿Tienes que sonreír o sentir compasión en ese preciso momento? No, no tienes que poner intención o sentirlo, y ni siquiera tienes que entenderlo. Las intenciones también son memorias y para limpiar hay que hacerlo a la manera de Dios, no a tu manera.

En Ho'oponopono siempre te diremos: «Por favor, simplemente hazlo; simplemente dilo». Asume el cien por cien de la responsabilidad de las memorias y programas que atraen a determinadas personas y situaciones a tu vida y ¡suéltalos! ¡Limítate a apretar la tecla de borrar!

Debemos estar dispuestos a confiar y saber en nuestros corazones que cada vez que hacemos nuestra parte (dar permiso, soltar) Dios hará la suya. Está garantizado.

## Las expectativas

Cuando te des cuenta de que tienes una expectativa, ya sea buena o mala, suéltala. Las expectativas también son memorias y, por lo tanto, obstáculos a la hora de recibir de una manera fácil lo que es correcto y perfecto para ti. ¡Suelta las expectativas! ¡Suelta el pensamiento de que sabes lo que es correcto y perfecto para ti! Vuelve a ser el niño inocente de Dios que eres. Estate abierto a los milagros.

## Las «buenas» memorias

Hay gente que me pregunta: «¿Y si no deseo borrar una buena memoria?». Yo te pregunto: ¿qué parte de ti está diciendo que una memoria es buena? Es la parte de ti que enjuicia y tiene opiniones, la parte de ti que en verdad no sabe nada. Lo reitero: tú quieres ser libre. Quieres estar en cero. En cero no hay información, ni buena ni mala, ni correcta ni incorrecta. En cero no estás hablando ni escuchando. En cero eres libre.

Tú no sabes lo que es perfecto y correcto para ti, así que suelta lo bueno y suelta lo malo, y deja hacer a Dios. Libérate.

## Limpiar y «hacer»

Hay personas que me preguntan: «¿Solo me siento y limpio? ¿Qué hay en cuanto a emprender acciones?».

Procura limpiar siempre, antes, durante y después de emprender la acción. Limpiar constantemente te da más oportunidades de que lo que hagas provenga de la inspiración. Tienes que hacer aquello con lo que tu corazón se sienta bien. Pero incluso cuando emprendes la acción desde la inspiración, harás bien en continuar limpiando momento a momento, para estar abierto y flexible, alerta a las puertas que puedan abrirse. A lo mejor es correcto llevar a cabo un cambio de rumbo... Cuanto más despierto y consciente estés, más verás las oportunidades que se presenten.

### Planes y metas

Hay personas que me preguntan si la limpieza del Ho'oponopono es compatible con hacer planes y fijar metas. ¿Quieres decirle a Dios lo que es correcto para ti y cuándo debe traértelo? Dios no es tu conserje. Incluso si continúas planificando y poniendo metas, hazte un favor y suelta. Ábrete y estate alerta a otros caminos posibles, a otras oportunidades que puedan surgir.

## ¿HO'OPONOPONO CON LOS DEMÁS?

### Ho'oponopono trabaja para todos

El Ho'oponopono trabaja para todos; no importa si lo crees o no. Esto puede llevarte a preguntarte si puedes limpiar por otra persona.

Debes comprender que tú eres el problema. No hay nadie fuera. Si tienes a alguien sufriendo en tu vida, son tus memorias, tus pensamientos de esa persona sufriendo. Si realmente queremos ayudar, soltemos lo que hay en nosotros que se manifiesta como esa persona teniendo un problema. Ya he dicho antes que nunca sabemos qué memorias estamos limpiando. Sea lo que sea lo que surja, a nosotros nos corresponde elegir si vamos a asumir el cien por cien de la responsabilidad y soltar.

Siempre estás limpiando para ti mismo, pero mientras limpias para ti, lo que se borra de ti se borra de la otra persona. Si deseas ayudar, dale tus problemas y los de los otros a Dios. ¡Él sabe mejor lo que corresponde hacer!

### *Estate contigo mismo*

Hablar no ayuda. Hablar es como resistirse. Sabemos que aquello a lo que nos resistimos persiste. Cuando hablamos atraemos más memorias; atraemos más de lo que no queremos. Piensa que si no habláramos no tendríamos tantos problemas.

Soltar, mantener nuestras bocas cerradas y limpiar nos da más posibilidades de que la inspiración acuda a nosotros. Podemos terminar diciendo exactamente lo que la otra persona quería escuchar; o puede que no tengamos que decir nada y la otra persona cambie o reciba su propia inspiración a causa de que nosotros limpiamos.

Discutir, tener la última palabra, tener razón, no funciona. En cambio, cuando limpiamos, lo que se borra de nosotros se borra del otro. Las cosas más asombrosas suceden cuando hacemos esta limpieza. A medida que tú cambias, todo cambia, porque los demás eran solo tus memorias.

Hay personas que me preguntan si pueden compartir la limpieza con alguien más. Pero ¿a quién se lo vas a decir? No hay nadie ahí fuera. Tú eres el problema y tú eres el responsable. Siempre tendemos a decirles a los demás lo que hacer y darles consejo. Creemos que podemos ayudar a alguien, pero, reitero, nosotros somos los responsables.

Si realmente quieres ayudar a la gente, debes soltar para que Dios pueda hacer lo que es correcto para todos. ¡Ni siquiera sabemos lo que es correcto para nosotros mismos! Todo vuelve a ti, lo bueno y lo malo; así pues, no quieras estar dando información incorrecta o el consejo equivocado a la gente. Dios espera nuestro permiso y no invade nuestra privacidad como nosotros hacemos con los demás. Todos tenemos libre albedrío, libre elección.

# 4

## APRENDER HO'OPONOPONO

### LOS SEMINARIOS DE HO'OPONOPONO: DETRÁS DE LAS CÁMARAS

En primer lugar, tu entrenamiento comienza tan pronto como te inscribes, porque tu maestro debe empezar a limpiar desde ese mismo momento. La limpieza debe realizarse antes, durante y después de la clase. La sala también debe estar preparada con anticipación con una profunda limpieza. Por eso las personas me comentan los cambios que sintieron desde el mismo momento en que se inscribieron a un seminario o concertaron una consulta privada. La limpieza comienza de forma automática.

Se debe saber también cómo abrir y cerrar un entrenamiento de Ho'oponopono. No debes dejar cabos sueltos.

Esto es muy importante; de lo contrario podrías estar perjudicando a la gente en vez de ayudarla.

Quien dicta el seminario debe limpiar todo el tiempo. Los participantes no se benefician tanto de recibir información como de nuestra limpieza.

¿Sabías que, si se hace correctamente, durante los talleres puedes soltar una cantidad enorme de memorias, tarea para la que de otra forma habrías necesitado varias vidas? El solo hecho de estar en la sala es realmente una bendición. Si la gente supiera cuánto se borra en el seminario (por la limpieza que se efectúa desde su preparación, a lo largo de su duración y tras finalizarlo), no lo pensaría dos veces para asistir.

¿Sabías que vienes a las sesiones con tus ancestros? Ellos desean que comprendas la importancia de este trabajo, porque aquello que se borre de ti ¡se borrará de ellos! (si se hace correctamente).

A veces estos seminarios incluso nos dejan un poco cansados, por la cantidad de limpieza que se lleva a cabo en ellos. Yo siempre le recuerdo a mi audiencia: «Aunque parezca que habéis estado aquí sin hacer nada, durante los seminarios se hace mucho trabajo. Por eso, si al llegar a casa sentís que os queréis ir a dormir, adelante, ni lo penséis. Hacedle caso a vuestro cuerpo e id a la cama». Es notable también que las personas que sufren de insomnio, o tienen dificultades para dormir, regresan al día siguiente y me comentan que hacía mucho tiempo que no dormían tan bien, durante tantas horas y sin despertarse.

Como indica el doctor Hew Len, durante el seminario trabajamos con memorias muy tóxicas. Soy consciente de que mis peores enemigos vienen a mis seminarios y lo hacen para darme otra oportunidad de corregir, de reparar. También sé que solo cuando yo limpio tú recibes lo que es correcto y perfecto para ti, especialmente la protección.

El doctor Ihaleakalá siempre dice: «Mientras permanezcáis en la sala del seminario, estaréis totalmente protegidos. Fuera ya depende de vosotros». Una vez le pregunté qué hacían nuestros niños interiores (es decir, nuestros subconscientes) mientras estábamos en el seminario, y él me contestó:

—Mientras estáis aquí, vuestros *unihipilis* se llevan bien; juegan a las cartas, etcétera. Fuera de aquí, la cosa cambia.

## ¿AYUDAR A OTROS?

Una de las primeras cosas que aprendí de Ihaleakalá es que «ayudar» a otros no funciona. Los otros se pierden la oportunidad de aprender lo que habrían aprendido al cruzar el río por sí solos, y nosotros nos cargamos de más piedras en el camino y tenemos que limpiar más porque no fue correcto ayudarles.

Lo más importante es el trabajo que hacemos detrás de la escena, con nosotros mismos. Es también fundamental la limpieza y la preparación que hacemos antes, durante y después del seminario.

Como dice Ihaleakalá, cuando enseñamos no lo hacemos por ti; lo hacemos por nosotros mismos. La era del sacrificio se acabó. Si conseguimos que uno de los asistentes borre, lo que se borra de él se borra de nosotros. ¡Dicen que enseñamos lo que necesitamos aprender! Siempre les indico a mis estudiantes que yo tengo más que borrar que ellos. ¡Por eso estoy al frente! Tengamos en cuenta estos puntos:

- Las personas que vienen los talleres son nuestros peores enemigos. Vienen a brindarnos una nueva oportunidad, y todo lo que se borra de ellas se borra también de nosotros.

- Nos presentamos para ver qué se dirá. Nunca sabemos lo que vamos a decir. En cada sesión de Ho'oponopono damos y recibimos.

- Tenemos que ser lo suficientemente conscientes para saber que no hay nadie más que nosotros mismos. Por lo tanto, no necesito ayudar a nadie; solo necesito ayudarme a mí mismo.

## ASISTIR A LOS SEMINARIOS
*Cuestión de compromiso*

El Ho'oponopono es tan sencillo que a menudo la gente siente que hay algo más que no le estamos diciendo, que le falta algo. Quieren ir más profundo.

Como dice Ihaleakalá: «No sé de qué forma complicarlo y hacerlo más difícil para que me crean cuando digo que realmente funciona». Es más, sus sesiones de entrenamiento son siempre iguales, contienen la misma información. Sin embargo, el único camino para ir más allá y avanzar con la limpieza es volver a hacer los seminarios, volver a escuchar las clases (CD, teleseries y *podcasts*) tantas veces como sea posible y hallar formas de recordarnos a nosotros mismos el hecho de practicar, practicar y practicar.

Incluso nosotros que practicamos el Ho'oponopono y lo enseñamos sabemos que tenemos mucho que aprender.

Ihaleakalá siempre dice que enseñar Ho'oponopono parece fácil pero que no lo es. Tal vez ahora, después de trece años de práctica y cientos de entrenamientos realizados, puedo entender por qué: el Ho'oponopono no se transmite solo en forma verbal. Muchas cosas suceden durante las sesiones y se necesitan muchos entrenamientos para alcanzar el nivel de limpieza necesario, la verdadera inspiración.

Así pues, todos necesitamos seguir asistiendo a cursos de Ho'oponopono para continuar limpiando y funcionando más en base a la inspiración. Todos necesitamos que nos recuerden las cosas. El Ho'oponopono es como una reprogramación, y se precisa seguir recibiendo la información constantemente para poder reeducarte y reeducar tu subconsciente, porque es muy fácil volver a los malos hábitos.

Cada vez que escuchamos de nuevo el seminario de Ho'oponopono profundizamos aún más y obtenemos más comprensión, más inspiración y, lo que es mejor aún, borramos muchísimas memorias. Después de cada seminario nos encontramos realizando más limpieza y recibiendo más bendiciones.

Las memorias que nos limitan y no nos permiten alcanzar nuestro pleno potencial no son fáciles de desechar porque no solo se acumulan desde el momento en que nacemos, sino desde mucho antes, como vimos. Para poder lograr la verdadera felicidad y libertad debemos limpiar siempre. El proceso se volverá cada vez más fácil y automático, pero para que verdaderamente nos dé los frutos que anhelamos es importante entender que esta tarea nos exige un compromiso sincero y constante. Además, nuestro niño interior practica más y desarrolla una mejor conexión con nosotros cuando observa nuestro compromiso; de este modo, aumenta la posibilidad de que realice la limpieza automáticamente durante las veinticuatro horas.

Esas memorias que se van, ese concepto nuevo que escuchas o esa persona con la que compartes algo pueden marcar una gran diferencia y ser el principio de infinitas posibilidades. Las personas que asistieron a mi taller por segunda o tercera vez en Moscú y Bucarest compartieron asombrosas historias que experimentaron en sus vidas después del primer taller. Adoro cuando la gente comparte para que otros puedan escuchar y abrir sus mentes, relajarse un poco más y soltar su necesidad de entender con la mente.

También mencionaron que sintieron como que el taller no era el mismo de siempre. No me sorprendí. Siempre le digo a la gente que de eso se trata. Es como volver a leer un libro y encontrar nueva información que no habíamos advertido antes. *Siempre* tomamos algo nuevo de cada taller.

En mi caso, cada vez que hacía un taller o un seminario con mi maestro Ihaleakalá, al final él siempre me preguntaba:

—Katz, ¿qué aprendiste hoy? ¿Qué obtuviste? ¿De qué te diste cuenta?

Antes de empezar a enseñar, hice el seminario unas cincuenta veces, y lo practiqué por lo menos durante tres años.

En el taller de Bucarest compartí con los participantes que me acababa de dar cuenta de que las personas que vuelven a realizar el curso cada vez que tienen una oportunidad son las que *realmente* entienden el Ho'oponopono.

Así es. Si asistimos a un seminario de Ho'oponopono y nunca más volvemos es porque no lo entendimos. Si acudimos a un solo seminario y sentimos que ya entendimos el Ho'oponopono y comenzamos a enseñarlo, definitivamente no lo entendimos. Si aprendemos Ho'oponopono a través de Internet y pensamos que ya lo sabemos, no lo entendimos tampoco.

Las personas que vuelven a los seminarios son las que realmente comprenden esta filosofía. Te diré por qué. Cuando entendemos este camino, queremos *más*. Queremos sentirnos bien. Queremos más milagros en nuestras vidas. Disfrutamos de estar en paz y ser felices, de sentirnos libres sin ninguna razón aparente. Por eso deseamos continuar con más limpieza.

Se cuenta la historia de un hombre en la India que fue a ver al Buda y se dijo: «Regresaré todos los años a ver al Buda y le haré la misma pregunta. De este modo, si realmente sabe tanto como dice que sabe, debería darme la misma respuesta». Así lo hizo. Volvía año tras año y le hacía al Buda la misma pregunta, pero todos los años obtenía una respuesta diferente. Un día se sintió tan desilusionado que le dijo al Buda:

—¿No me recuerdas? Vuelvo cada año y te hago la misma pregunta, pero cada año me das una respuesta diferente.

La respuesta del Buda fue:

—Cada año eres una persona diferente y yo soy una persona diferente. ¿Cómo podría darte la misma respuesta?

Incluso si el seminario de Ho'oponopono parece contener la misma información, no es así. El proceso nunca es el mismo, porque ni tú ni la inspiración que baja sois jamás los mismos. La información que se transmite es la información correcta para las personas que fueron a ese seminario; por eso tampoco es bueno salir y compartir los contenidos. Si determinada gente no acudió, es porque ese no era para ella. Todo es perfecto.

Después de los dos primeros seminarios a los que asistí, le dije a mi maestro, el doctor Ihaleakalá, que limpiaba y limpiaba pero que no funcionaba. Gracias a Dios había una parte de mí más sabia y perseveré. Él me aconsejó:

—No tengas expectativas.

¡Lo único que puedo decir es que mi intelecto lo entendió! Después de cada seminario podía ver la diferencia. Cada vez se me abrían más puertas y yo realizaba más y más limpieza. Me sentía más en paz, más confiada, más feliz.

Por eso, cuando tu intelecto te diga que ya sabes Ho'oponopono y que no necesitas más seminarios, di «gracias» y ve al próximo. Aunque tu intelecto te asegure que el Ho'oponopono no funciona para ti, no lo pienses dos veces e inscríbete cada vez que tengas la oportunidad. ¡Te verás gratamente sorprendido!

Confía siempre en tu inspiración, no en tus programas. Recuerda que tu intelecto no sabe nada. Aun cuando decimos que «entendemos» el Ho'oponopono, nunca lo vamos a entender, porque el intelecto no puede entenderlo. El Ho'oponopono nos ayuda a reprogramarnos, y lamentablemente no estamos preparados para llevar a cabo la reprogramación ni en un día ni en un fin de semana. No podemos soltar de golpe todos los programas que hemos ido bajando a nuestro subconsciente a lo largo de esta vida y de muchas otras anteriores, ya que nuestro cuerpo no lo resistiría.

Los entrenamientos de Ho'oponopono son para el alma (www.ElCaminoMasFacil.com/eventos), no para el intelecto. Con suerte, si estuvimos limpiando, llegamos a otro nivel y en el siguiente taller podremos ir más a lo profundo, escuchar cosas que antes no podíamos, o escucharlas de otra forma. Si no estuvimos limpiando, ¿qué mejor que recordárnoslo otra vez y ver si ahora estamos más preparados para soltar y dejar que esa parte nuestra que es más sabia resuelva nuestros problemas?

## Entre la Divinidad y tú

La Divinidad nos dice: «Cuando tú te mueves, Yo me muevo. Cuando tú das un paso, Yo doy un paso. Cuando tú avanzas, Yo limpio el camino, pero ni un minuto antes ni un minuto después». Es por eso por lo que, a veces, antes de comprometernos sentimos miedo.

Primero necesitas dar ese primer paso, ofrecer ese voto de confianza. Sé que da miedo y que por eso buscamos excusas, como falta de tiempo o de dinero, pero cuando confiamos ¡el éxito está asegurado! No te puedes hacer una idea de las bendiciones que recibes cuando le muestras al universo que confías y que valoras lo que te ofrece.

El seminario es algo que ocurre entre la Divinidad y tú. Es también por esto por lo que si no pagas, no recibes el beneficio. Siempre recibes en base a lo que das, a tu esfuerzo. Esto demuestra que lo valoras y te valoras, que te lo mereces y te lo regalas, incluso el hecho de arriesgarte (sentir los miedos y hacerlo de todos modos) aunque no puedas pagarlo. Son distintas formas de mostrarle al universo que confías. Dios está siempre observándote y todo regresa.

## La asistencia no presencial

Hay gente que confía tanto en el poder de estos seminarios que participa en ellos desde su casa. ¡Y ven los resultados incluso de esta manera! Como diría el doctor Ihaleakalá, «estas personas son inteligentes. Saben que lo que se borra de los presentes también se borrará de ellas». Claro que esto es posible cuando uno ya asistió presencialmente al seminario por lo menos una vez y el proceso se realiza correctamente, con el apoyo del universo, protegiendo y preparándolo todo para que esto suceda. Reproduzco a continuación el comentario de un asistente:

> Hola, Mabel. Hola a todos. Compré el seminario de Rumanía el jueves. Me encontraba trabajando al día siguiente y limpiando como lo hago normalmente cuando, de repente, me sentí completamente diferente. No sé cómo describir la situación, pero sentí como que algo enorme salió de mi memoria. También me sentí seguro de mí mismo. Sentí: «Puedo atravesar esto y no estoy solo en esta situación». Fue magnífico. Gracias, Mabel. Estoy muy agradecido por esta posibilidad de participar en el seminario en modo no presencial. Es una experiencia asombrosa en mi vida. Con Amor.
>
> NORBERT, REINO UNIDO

### ¿Puede otra persona limpiar por ti?

Uno no puede pagar para que otro limpie por él. Cada uno va al seminario con la intención de soltar y limpiar lo que le corresponde. ¡No hay nada que limpiar más que nuestros propios pensamientos acerca de las personas y la realidad! Cada uno de nosotros está allí para ayudarse a sí mismo y la buena voluntad de cada persona, que viene con sus ancestros, hace que la limpieza sea mucho más eficaz y profunda. Ese es el verdadero beneficio de los seminarios. Estemos o no estemos allí en persona, debemos tener la actitud apropiada y el corazón abierto al universo para que la Divinidad pueda ayudarnos.

Si te dicen que puedes pagar a alguien para que limpie por ti, ¡por favor, abre los ojos! ¿Saben realmente estas personas cómo limpiar? Si lo supieran, ¡sabrían que no hay nada que limpiar más que sus propios pensamientos acerca de los demás! Si de verdad quieren ayudarte, deberán ayudarse a sí mismas.

### ¿Puede haber niños en los talleres?

Sí; de hecho, incluso programo seminarios para niños. Y en muchas ocasiones asisten a los seminarios para adultos.

Tener niños en mis entrenamientos es el mejor regalo que me pueden hacer. Siempre aprendo mucho de los que vienen al seminario; disfruto de ellos y me encanta tenerlos allí.

Obtengo un inmenso amor y una sincera confirmación por parte de los niños porque, como sabes, ellos no mienten, y tampoco se les puede engañar. Son mucho más honestos con sus sentimientos, debido a que no han adquirido todavía todas esas opiniones y juicios que los controlan.

En una ocasión, vino a un seminario en Bucarest una niña de cinco años con su madre, que estaba haciendo el seminario por segunda vez. La niña le había pedido que la próxima vez la trajera con ella. En varios momentos del seminario la niña se puso a caminar y a pasear de un lado al otro frente a mí. Me miraba y observaba mientras yo hablaba y luego me traía unos dibujos muy coloridos y hermosos que ella misma había pintado para mí y donde me escribía que me amaba. La audiencia, por supuesto, era testigo de esto, y todos sonreíamos. En un momento dado, pregunté:

—¿Creéis que estoy recibiendo estos mensajes de amor por lo que estoy diciendo a través de las palabras? De ninguna manera. Ella puede ver lo que no os digo. ¡Puede ver el trabajo (la limpieza) que hago mientras hablo!

El doctor Ihaleakalá Hew Len siempre decía que es más fácil enseñarle a una silla a hacer Ho'oponopono que enseñarles a las personas, porque nosotros pensamos, ponemos el intelecto por delante. Estamos siempre pensando y tratando de entender.

Como los niños están mucho más presentes, es más fácil enseñarles. ¡Ellos no complican las cosas con racionalizaciones innecesarias ni sienten la necesidad de entenderlo todo, como nosotros!

¿Sabías que durante los entrenamientos de Ho'oponopono es mejor si te quedas dormido? El intelecto a menudo se cansa de tanto «pensar». Sin embargo, el subconsciente (tu niño interior) nunca duerme y es precisamente con esta parte con la que deseamos compartir la información que necesitas.

He tenido muchas experiencias maravillosas enseñando Ho'oponopono a los niños. No hace mucho tiempo, una madre se dirigió a mí después de una conferencia y me dijo que su hijo quería decirme algo. El niño tenía ocho años y me contó:

—Yo le dije a mi mamá: «Gracias por haberme traído. Voy a practicarlo. Así, cuando sea grande, tendré menos problemas».

Luego la madre me consultó sobre un problema que tenía. Quería mi consejo. Miré a su hijo y le pregunté:

—¿Qué le dirías a tu mamá?

Y el niño respondió:

—Le diría que no se preocupe tanto, que no se lo tome tan seriamente.

Luego le aconsejé a la madre:

—La próxima vez que tengas un problema, ¡pregúntale a tu hijo!

Todos los niños tienen fabulosas historias para compartir cuando vuelven a asistir a un entrenamiento. Tengo niños en Rumanía que volvieron solos porque sus padres no podían asistir ese día. ¡Esos niños insistieron en volver aun cuando sus padres no podían! Tuvieron que traerlos por la mañana y pasar a buscarlos al terminar el seminario.

En Argentina, una niña se me acercó durante un descanso y me preguntó:

—Mabel, ¿cómo sabes tanto del Ho'oponopono?»

Mi respuesta fue:

—No lo sé.

Es mucho más fácil trabajar con niños. Cuando les digo que simplemente digan «gracias» y suelten, se van saltando y brincando repitiendo «¡gracias!». Cuando les digo a los adultos que repitan «gracias», siempre preguntan: «¿Cómo digo gracias?», «¿Tengo que decirlo todo el tiempo?», «¿Tengo que sentirlo?». Es así; los adultos siempre estamos tratando de entender. Pero no hay nada que entender, y los niños lo saben.

El año pasado, cuando fui a Caracas, un niño de cinco años vino hacia mí durante uno de los descansos y me dijo:

—¿Sabes una cosa, Mabel? Tengo un amigo que siempre está llorando porque quiere lo que yo tengo. En la vida tienes que estar agradecido por lo que tienes. ¡No puedes estar mirando lo que tienen los demás! –¡Qué lección!

Ese mismo año, en Caracas, una madre comentó que su hijo había cambiado de opinión y no quería asistir al taller el primer día. Entonces me lo acercó. Cuando le dije que no tenía que estar con nosotros, que podía sentarse en el suelo al final de la sala y jugar con sus juguetes, aceptó quedarse. Bien, terminó eligiendo sentarse en la primera fila y no se movió de su silla en todo el taller, que duraba dos días. El primer día se trataba el tema del Ho'oponopono y el segundo se llevaba a cabo un entrenamiento en Zero Frequency® (el método creado por mí a partir del Ho'oponopono). En el segundo día trabajamos en encontrar nuestros talentos y pasiones. El niño participó en todos los ejercicios interactivos, siempre con adultos de compañeros. Al final, cuando pregunté quién quería compartir, saltó de su silla varias veces para decirnos cómo iba a utilizar las herramientas del seminario para ayudar a los demás y cambiar el mundo. Fue asombroso. Los adultos que acababan de trabajar con él no podían creer su inspiración.

En Guadalajara (México), dos niños se me acercaron durante el descanso. Uno de ellos había realizado dibujos de todo lo que les había estado comentando. El otro me preguntó qué le podía decir a un amigo suyo que se sentía muy triste y muy solo. Le comenté que le dijera que él nunca está solo, que Dios está siempre con él. Le pregunté si pensaba que su amigo lo entendería y si creía que eso le podía ayudar. Me respondió: «Sí, se lo diré a mi amigo. Lo entenderá perfectamente».

Los invité a subir al escenario y lo hicieron. En un momento dado, una mujer levantó la mano y preguntó cómo podría ayudarse a sí misma, porque su marido había sido asesinado delante de sus ojos y no podía quitarse esa imagen de la mente. El niño antes mencionado, sin siquiera pensarlo dos veces y antes de que yo pudiese abrir la boca, respondió:

—¡La culpa la tienes tú porque traes la imagen a tu mente y luego no la quieres soltar!

No tuve nada que agregar.

## ¿CON QUIÉN APRENDER HO'OPONOPONO?

Muchos expresan su preocupación por la veracidad y calidad de quienes enseñan Ho'oponopono. Muy frecuentemente me escriben y preguntan si le di permiso a este o a aquel para que enseñe después de que trabajó o hizo el seminario conmigo, y yo les aclaro que estoy autorizada para usar el material registrado, pero no para dar permiso de enseñar.

Personalmente, pienso que nadie puede estar preparado después de asistir a un taller solo una vez o porque haya ayudado a promoverlo u organizarlo. Siempre debemos preguntar sobre la preparación y experiencia de la persona que dicta el seminario y seguir nuestra propia inspiración. Los entrenamientos de Ho'oponopono requieren de una preparación especial (www.hooponopono-espanol.com/eventos). Hay muchas fuerzas del universo que se concentran para ayudarnos a soltar a una potencia más elevada. Esa preparación especial, nuestra presencia y nuestra buena voluntad de asumir el cien por cien de la responsabilidad al estar allí hacen que se logre una enorme cantidad de limpieza y se borren muchas memorias, sin que nos demos cuenta y sin ser conscientes de ello.

Me he percatado de que si no estoy limpiando mientras transmito información o contesto preguntas, lo pagaré muy caro después. Si brindo información o respuestas equivocadas, esto se vuelve contra mí y mis hijos en forma multiplicada. ¡También se vuelve a mí y a mis hijos si comparto información que no tengo permiso para compartir! Esto es lo que Ihaleakalá escribió sobre el abuso del Ho'oponopono:

> ¿Cuáles son las consecuencias espirituales de que cualquier persona enseñe sin autorización de la Divinidad? ¿Cuáles son las consecuencias espirituales de usar material con derechos de autor sin autorización de la fundación? Bien, mejor limpiamos.

También dijo:

> El material de Autoidentidad a través del Ho'oponopono es material espiritual. Usar estos materiales conlleva una tremenda preparación y limpieza. Usar material con derechos de autor sin autorización de la fundación como trampolín trae consecuencias muy negativas. En cambio, para aquellos que lo utilicen para sí mismos los beneficios serán enormes. La elección es tuya.

No sé tú, pero yo ya tengo bastante para limpiar. No quiero acumular aún más solo para obtener fama o dinero. Espiritualmente no vale la pena.

Estuve doce años junto a Ihaleakalá. Tengo mucha información que recibí «detrás de las cámaras». Él me ha dado mucho; me ha dicho muchas cosas también sobre mí misma y sobre lo que puede beneficiarse la gente por trabajar conmigo. Esto no significa que usaré esa información para ganar dinero o para hacerme famosa. No la encontrarás en mis libros. Esa información era la correcta para mí. Me sería perjudicial compartirla contigo. Si no sé lo que es correcto para mí, ¿de qué forma podría saber lo que es correcto para ti? Cierta información y herramientas que Ihaleakalá me ha dado permanecerán siempre secretas y sagradas.

Por ejemplo, cuando Ihaleakalá comparte información o herramientas especiales, estas son para nuestro uso personal únicamente, ya que compartir información con las personas equivocadas es perjudicial para ambas partes. Cuando Ihaleakalá ofrece herramientas especiales en los seminarios, por ejemplo, tales herramientas son *solo* para ese grupo. No hay casualidades en cuanto a quién está allí, quién apareció y quién no lo hizo.

Recibimos increíbles beneficios y el trabajo es enorme cuando hacemos un seminario de Ho'oponopono con alguien que lo transmite con permiso y, sobre todo, cuando esa persona está preparada porque ha asistido a muchos seminarios de Ho'oponopono y, especialmente, porque lo ha practicado durante mucho tiempo. A fecha de hoy yo debo de haber participado en el seminario unas doscientas veces, por lo menos. Tampoco corrí a hablarles a todos sobre el Ho'oponopono cuando asistí por primera vez. Tenía bien claro que era yo la que debía practicarlo, especialmente si quería ayudar a otros.

También es fundamental que la persona no practique ninguna otra técnica aparte del Ho'oponopono, para estar seguros de que su niño interior no esté confundido y sea capaz de hacer la limpieza en automático todo el tiempo. Y es importante que esa persona sepa cómo preparar la sala para convertirla en un refugio, para que la sala misma nos ayude a limpiar y nos proteja. Así es: cuando enseñamos Ho'oponopono correctamente y con permiso, recibimos escudos de protección del universo. Es por eso por lo que la gente suelta allí cosas que le habría llevado varias vidas soltar de otro modo. Las bendiciones en estos casos son indescriptibles.

En un seminario de Ho'oponopono no todos reciben o escuchan lo mismo. ¿Lo sabías? Dios no nos trata como ganado. Cada uno de nosotros es único y recibe lo que es correcto y perfecto para sí. ¡Pero, para eso, la persona que enseña tiene que saber estar en cero y limpiar todo el tiempo mientras habla!

Si yo no sé lo que es correcto para mí, ¿cómo puedo saber lo que es correcto para ti? Lo mismo ocurre si me preguntas algo y yo te doy la respuesta incorrecta porque no tengo la práctica de limpiar y respondo desde mis memorias en vez de hacerlo desde la inspiración. Esto no es bueno ni para mí ni para ti. Todo trae consecuencias para nosotros y para nuestras familias.

Las personas que impartimos los seminarios trabajamos con memorias tóxicas. Ahora me doy cuenta mucho más de lo importante que es tener la experiencia, la práctica y el grado de limpieza adecuados, así como el compromiso de cabalgar un solo caballo y no mezclar prácticas.

En resumen, si deseas verificar al maestro, cuando busques un taller en Ho'oponopono pregunta cuántas veces ha recibido el maestro el entrenamiento y con quién. Averigua cuántos años hace que lo practica y cuándo fue la última vez que participó en un taller o un seminario. Asegúrate de preguntar si solo hace Ho'oponopono o si practica otras técnicas o enseñanzas. Mientras estés explorando con quién hacer el taller, suelta y limpia para que te guíe la inspiración. Esta es tu herramienta más poderosa.

Debes cuidarte a ti mismo, porque nadie lo hará por ti. Pregunta y sigue a tu corazón.

¡No aceptes imitaciones!

Segunda parte

# HO'OPONOPONO Y TÚ

# 5

## HACIA LA FELICIDAD

### DEL INTELECTO A LA INSPIRACIÓN
*Necesitamos despertar*

Nuestra realidad incluye todos nuestros programas, memorias, creencias, apegos, emociones y expectativas. Llevamos toda esta carga con nosotros adondequiera que vamos. Hemos estado ciegos y sordos durante millones de años. Estamos totalmente anestesiados y buscamos el amor, la aprobación y el aprecio en los lugares equivocados y con la gente errada. Vamos en pos del éxito, del poder y de cosas materiales pensando que eso nos «hará felices». Intentamos cambiar a las personas porque pensamos que si cambian seremos felices. Constantemente desestimamos nuestro poder porque creemos que nuestra felicidad depende de otras personas o de circunstancias externas.

¿Qué historias nos contamos a nosotros mismos para mantener la felicidad y el bienestar alejados? ¡Hablo de que somos nuestro propio peor enemigo! Nuestros pensamientos sobre nosotros mismos afectan a nuestra realidad. Verás, el subconsciente hace lo necesario para demostrar que tiene razón. Por lo tanto, siempre atrae situaciones para mostrarnos que no somos lo suficientemente buenos o que no merecemos ciertas cosas. ¿Puedes imaginarte lo que atraemos y manifestamos en estas condiciones?

En Ho'oponopono a esto se le llama *memorias de repetición*, y son inmensamente poderosas. Creemos que somos libres, pero estos pensamientos y programas nos controlan de forma constante. Siempre están funcionando de fondo. Necesitamos DESPERTAR y tomar mejores decisiones. La conciencia es curativa y constituye el primer paso y el más importante hacia nuestros objetivos. ¡Tenemos una opción!

## El intelecto

Definitivamente, si insistimos en proteger nuestro ego y actuamos con arrogancia, el universo nos golpeará donde más nos duela. La única manera de obtener el apoyo y la ayuda que estamos buscando es soltar el «creernos tan inteligentes» y ser más humildes.

El intelecto pone etiquetas a todo y crea historias, pero en realidad no existe lo correcto o lo incorrecto. La mente piensa que sabe pero no sabe nada.

Con el Ho'oponopono aprendemos que el intelecto no fue creado para saber, sino para elegir. Esa es su única función. Tenemos el poder de elegir hacer las cosas por el camino del intelecto o por el camino de Dios.

En mi primer libro, *El camino más fácil,* conté la historia hawaiana de la Creación que me explicó una vez mi maestro, el doctor Ihaleakalá. Dice así:

Cuando Dios creó la Tierra y puso allí a Adán y Eva, les dijo que estaban en el paraíso y que no tenían que preocuparse por nada, que Él les proporcionaría todo lo que necesitaban. También les dijo que les haría un regalo para que tomaran sus propias decisiones: el don de la libre elección. Así, Dios creó el árbol de las manzanas. Les dijo:

—Esto se llama *pensar*. No lo necesitáis. Yo puedo proporcionaroslo todo. No debéis preocuparos, pero podéis elegir si preferís seguir mi camino o transitar vuestro propio camino.

El problema no fue que se comieran la manzana, sino que no aceptaron la responsabilidad de haberlo hecho diciendo sencillamente «lo siento». Cuando Dios les preguntó, Adán dijo:

—Eva me obligó a hacerlo.

Y así fue como Adán tuvo que salir a buscar su primer empleo.

Al igual que Adán, estamos siempre mordiendo la manzana (y buscando trabajo). Estamos convencidos de que sabemos lo que es mejor. No nos damos cuenta de que existe otra manera de hacer las cosas, un camino más fácil.

Nuestros ancestros sabían que la única forma de ver y experimentar milagros es a través de la fe. Y también sabían que manteniéndose unidos encontrarían la fuerza para enfrentarse a cualquier desafío que se interpusiera en su camino. Eran conscientes de que la solución a sus problemas vendría del cielo. La respuesta no se encontraba en la Tierra.

Desafortunadamente, al evolucionar nos educamos más y nos separamos cada vez más de la Fuente. Decidimos que sabemos más y que podemos resolverlo todo. De algún modo nos hemos confundido. Creemos que debemos llenar nuestro intelecto con conocimiento, pero el intelecto nos fue dado para elegir entre pensar y reaccionar o soltar.

Albert Einstein dijo: «El conocimiento es la expansión de nuestra esfera de ignorancia». Hemos afianzado tanto la creencia de que el propósito del intelecto es almacenar y comprender información que basamos nuestro sentido de la identidad en esta idea. De esta forma, nuestro intelecto intenta convertirse en algo que no es y siempre nos empuja a ser algo que no fuimos creados para ser.

Para romper este ciclo, debemos darnos cuenta de que somos sabios por naturaleza y de que nuestra sabiduría no reside en el intelecto. La creatividad tampoco se encuentra en el intelecto. La creatividad es nuestro estado natural. Llega y funciona en formas que no podemos explicar. En realidad, nuestras ideas y acciones solo provienen de una de dos fuentes: la inspiración o las memorias.

Hay que distinguir la inspiración de la intuición: la inspiración es nueva información, son nuevas ideas. Vienen de Dios (o del universo, si lo prefieres). Por ejemplo, la idea de Internet: la persona que pensó en eso no sabe de dónde le vino. En cambio, la intuición son memorias pulsando: nuestro niño interior (nuestro subconsciente) nos advierte de que algo que ya ha sucedido antes está a punto de suceder de nuevo.

La inspiración solo puede llegar cuando estamos vacíos y abiertos, no cuando hablamos, pensamos o nos preocupamos.

Para alcanzar nuestro mayor potencial debemos volver a convertirnos en niños, niños sabios. Debemos confiar en que somos guiados y estamos protegidos cuando estamos abiertos a todas las posibilidades, y cuando no estamos pensando o preocupándonos. Es preciso volver a las raíces, al momento anterior a la recepción de la educación académica formal, que nos hace perder nuestra verdadera identidad.

Nos complicamos la existencia. Pensamos que sabemos lo que es bueno para nosotros y hacemos listas de lo que queremos atraer, cuánto y cuándo, pero en realidad no tenemos ni idea de lo que es correcto y perfecto para nosotros. Y, más aún, ¿para quién hacemos la lista? Hacemos la lista para el Creador, que sabe más que nadie y sabe qué necesitamos y cuándo lo necesitamos. Somos en verdad muy arrogantes.

Anthony De Mello lo dice con claridad:

> Cuando tomas conciencia, te haces más sabio. Eso es lo que se puede llamar verdadero crecimiento personal. Comprende tu orgullo y abandónalo; como resultado obtendrás humildad. Comprende tu infelicidad y desaparecerá; como resultado obtendrás un estado de felicidad. Comprende tus temores y estos se derretirán; el estado resultante es el amor. Comprende tus apegos y estos desaparecerán; la consecuencia es la libertad.

Piensa en la naturaleza. Observa las flores, por ejemplo. De ningún modo podríamos los humanos crear tal belleza. Es preciso admitir que existe una inteligencia divina. Piensa en tu cuerpo. No necesitas pensar en cómo respirar o cómo hacer que tu corazón lata. Estamos rodeados de milagros divinos.

Vuelve a sorprenderte y a maravillarte como en tu infancia. Utiliza el intelecto para su propósito original en lugar de permitirle que te vuelva loco. Una vez que abras tu corazón y dejes de intentar controlar la realidad comenzarán a ocurrir cosas maravillosas a tu alrededor y recuperarás tu sentido de la felicidad y la libertad.

¡La verdad te hará libre!

## Soltar el temor

¡Detengan el mundo que me quiero bajar! ¿No sientes a veces el deseo de gritar estas palabras? Ahora bien, ya estamos en el baile, así que hay que completarlo, pero podemos cambiar el paso y el final con tan solo soltar. Es imperativo despertar y ver las cosas como realmente son. Debemos dejar de permitir que nuestra falsa realidad nos controle. Sé lo aterrador que es soltar todo lo que pensábamos que era real. Nuestro temor es inevitable cuando soltamos lo conocido y abrazamos lo desconocido.

Lo hermoso que sucede cuando aprendemos el proceso del Ho'oponopono es que todo lo que buscamos, lo que nuestra alma anhela, reside en lo desconocido. Por supuesto que sentirás temor al soltar la realidad que ya conoces, pero lo debes hacer de todas maneras si deseas ser feliz.

Jamás olvides esto: si estás dispuesto a pedir ayuda, la ayuda estará allí para ti. Solamente necesitas pedir, porque tienes libre albedrío. El universo no puede intervenir si no solicitas su ayuda. Cuando practicas Ho'oponopono, lo que esencialmente estás haciendo es pedir esa ayuda. Asumes el cien por cien de la responsabilidad de tu realidad y le das permiso a Dios para que te tome de la mano, te guíe y te proteja. No estás solo. Pide y recibirás.

Permanece siempre dispuesto a observar el temor, sabiendo que tú no eres ese temor. Estás por encima de él. Haciendo esto, el temor se disolverá y desaparecerá. Tan pronto como se vaya el temor, aparecerá la inspiración y te llevará de regreso al paraíso, ¡aunque sea solo por un segundo! Y cuando aparezca la próxima memoria de duda o temor, simplemente continúa soltando, momento a momento. La próxima vez que se presente el temor hazme un favor: respira. Lo primero que hacemos cuando el temor aparece es dejar de respirar. Este sencillo paso te servirá de mucho para soltarlo.

La felicidad que estás buscando se esconde detrás de cada «gracias» y cada «te amo». Continúa diciéndoselo a tu temor, a tu duda, a tus opiniones y a tus juicios antes de soltarlos. Da las gracias al temor cada vez que aparezca por darte otra oportunidad para soltar. Es como la alarma de un reloj que te dice que es hora de levantarte y hacer algo de forma diferente o que quizá es el momento de moverte, de actuar. El temor es algo que creamos en nuestras mentes, y nuestra creencia en ese temor es lo que le da poder. Tan pronto como somos conscientes de esta verdad, el temor se desvanece.

Piénsalo: tienes la posibilidad de ver el universo como Dios lo ve, sin temor. Es como contemplarlo por primera vez, como un recién nacido. Tienes la oportunidad de empezar de nuevo.

## La importancia de estar presente

Un día fui a que me dieran un masaje y me di cuenta de que nunca estamos presentes. Tuve que forzarme a regresar al presente muchas veces durante el masaje. Cada vez que tomaba conciencia, limpiaba y me obligaba a estar presente y a disfrutar del momento.

Cada vez que era consciente y limpiaba, volvía del pasado o del futuro al momento presente. En realidad quería estar presente, pero no podía evitar que mis pensamientos y emociones me llevaran una y otra vez al pasado o al futuro. Fue apasionante ser testigo de esto.

Es algo que nos hacemos a nosotros mismos: perdemos la oportunidad de disfrutar, de vivir en el *presente*.

En el ahora tenemos muchas oportunidades delante de nosotros, muchas puertas listas esperando para abrirse. Sin embargo, en lugar de verlas, permitimos que nuestros pensamientos sobre la crisis económica, la recesión y el desempleo causen que nos preocupemos por el futuro, o que nuestros pensamientos nos lleven a acontecimientos del pasado con los cuales ya no podemos hacer nada.

Somos como títeres controlados por nuestros pensamientos, nuestras memorias, las voces del pasado que están siempre hablando. Esto nos dificulta la posibilidad de disfrutar de la travesía y de ver todo lo bueno que nos rodea.

¿Todavía continúas viviendo en el pasado? ¿Estás atrapado y apegado a objetos, hechos y personas del ayer? Es el momento de que sueltes y comiences a vivir en el presente. No hay más tiempo para mirar atrás y andar en círculos, ni tiempo para tratar de entenderlo todo. No hay nada que entender, e incluso si piensas que sabes por qué suceden las cosas, realmente no lo sabes, porque las cosas que suceden usualmente no tienen nada que ver con lo que tú piensas, sino con las memorias que se repiten. ¡Sal de la caja en que te encuentras y en la que encasillas a los demás! Disponte a asumir la responsabilidad de tu vida, y todo comenzará a cambiar y te resultará más fácil.

Ahora puedes elegir ser más consciente y disponerte a percibir cuándo estás malgastando tu tiempo concentrado en lo que no funciona. En lugar de preocuparte, sobrellevar, culpar, quejarte y pensar, puedes elegir soltar y ayudar a que las cosas sean más fáciles y mejores.

Todo en tu vida es una oportunidad para superar los desafíos y hacerte mejor y más fuerte.

Nuestro amigo Cyrus Ontiki, el risueño maestro de yoga de la risa, nos recuerda que la respiración HA es la respiración perfecta y que no puedes respirar por el pasado ni por el futuro. Por lo tanto, si estás respirando estás presente, y si estás presente estás bien.

También aprendemos de las maravillosas palabras llenas de sabiduría y humor de Cyrus. Te prometo que te hará reír y aprenderás a reírte de tus problemas. Nos contó en una teleclase cómo hizo reír, en el teléfono, a la mujer del departamento de atención al cliente de la compañía de su móvil, e increíblemente terminó recibiendo tres meses de servicio gratuito.

La risa, al igual que cualquier otra de las herramientas de limpieza, te permite fluir con el universo y estar presente. ¡Pueden sucederte cosas increíbles cuando estás en el presente, porque le estás dando permiso al universo para que te sorprenda! Cuando estás en el presente, estás soltando.

## La importancia de confiar

Jamás olvidaré a Sarita, la madre del escritor don Miguel Ruiz. La conocí cuando tenía más de cien años y estaba completamente lúcida. Me contó que hacía mucho había trabajado para el Gobierno Federal de los Estados Unidos sin tener papeles. Un día llegó al trabajo y encontró un cartel que decía: «En esta oficina hay empleados sin papeles». Enseguida se identificó y pensó: «Se refieren a mí». Habló con su jefe y le contó su situación. El jefe no lo podía creer.

Puede parecer increíble que fuese posible trabajar para el Gobierno Federal sin tener papeles. Sin embargo, quienes hace tiempo que estamos en los Estados Unidos sabemos que antes eso era posible. No se pedían tantos documentos como actualmente.

Sarita me contó que solía conversar con Dios. Dios le preguntaba: «¿Confías en Mí?», y ella contestaba: «Sí, pero no tengo papeles». Y Dios le volvía a preguntar: «¿Confías en Mí?», y ella contestaba: «Sí, pero no tengo papeles». Luego me dijo:

—Ahora tengo papeles. Dios me los consiguió.

No podemos evitar sentir angustia y preocupación, pero debemos tener CONFIANZA y saber que las cosas se resolverán. Tal vez no se resuelvan en el momento y de la manera que queremos, sino que lo harán en el momento perfecto y correcto, y de la manera adecuada. Hay una parte interior nuestra que lo sabe. Esa parte solo espera que le demos permiso para actuar.

Para permitirle a esta parte nuestra resolver los problemas podemos repetir mentalmente la palabra «GRACIAS». Cuando nos sintamos preocupados, ansiosos o temerosos, repitamos simplemente «gracias, gracias, gracias».

¿Cómo podemos saber si es correcto quedarse en un país, por ejemplo? Si las cosas no se dan de la manera que esperamos, tal vez haya algo mejor esperándonos en otro lugar. Solo debemos dar nuestro permiso para ser guiados. Así atraeremos a nuestra vida lo que es perfecto y correcto para nosotros. Lo vuelvo a repetir: *nosotros no sabemos qué es*.

Cuando repetimos la palabra «gracias», nos hacemos cien por cien responsables y aceptamos que hay algo dentro de nosotros que atrae determinadas situaciones a nuestra vida. Así «soltamos» el problema y nos convertimos en observadores, dejando de ser parte del problema. Aceptamos que por algo las cosas son del modo que son y que son perfectas, aunque no lo parezcan y no lo entendamos. No es necesario hacer nada. Solo debemos aceptar el cien por cien de la responsabilidad, soltar (decir «gracias») y observar.

El secreto es estar en paz sin importar lo que suceda. Decimos «gracias» si aprueban la ley de amnistía y «gracias» si no la aprueban, «gracias» si superamos un examen y «gracias» si no lo hacemos. Observamos y aceptamos, porque CONFIAMOS en que si las cosas no se dan como esperamos es porque algo mejor está en camino.

Recuerda esto: lo peor que puedes hacer cuando tienes un problema es preocuparte. ¡Suelta y CONFÍA!

## SORTEANDO OBSTÁCULOS
### *La depresión*

¿Puede ayudar el Ho'oponopono en la depresión? ¡Definitivamente! Antes que nada, la depresión es una memoria y, como tal, puede ser borrada.

¿Sabías que somos adictos a estar deprimidos? Estamos tan acostumbrados a este estado del ser y sabemos deprimirnos tan bien que nos parece «natural» estar así. Además de esto, es posible que la depresión nos ofrezca algún beneficio, como obtener la atención de la gente o hacer que los demás se hagan cargo de nosotros.

¿Sabías que estar deprimido exige en realidad un arduo trabajo? Nuestro estado natural es ser felices. De hecho, si colocas tu cuerpo en una determinada posición, o tus músculos faciales de cierta manera, puedes cambiar tu estado de ánimo. Con el solo hecho de cambiar tu postura o sonreír ¡la depresión desaparece en gran medida!

¿Sabías que muchas veces la depresión tiene que ver con la falta de agua? De ser así, con solo beber más agua te sentirás mejor. Tus células se regenerarán y se expandirán. Te recomiendo usar el agua azul solarizada para estas memorias, ya que es ideal para trabajar con ellas.

Una vez una estudiante nuestra me llamó muy deprimida. Estaba tan mal que el doctor la quería hospitalizar. Le dijeron que no podría venir al seminario que Ihaleakalá y yo estábamos impartiendo en San Diego porque no podría conducir debido a cómo se sentía. Le pregunté a Ihaleakalá y me dijo que le hablara sobre la herramienta del vaso de agua. Esa herramienta le vino a Ihaleakalá por inspiración durante una consulta que había tenido esa semana con una mujer que estaba atravesando un divorcio y se sentía muy deprimida. El resultado fue milagroso. La mujer pudo conducir al siguiente día hasta San Diego. Se presentó en el seminario con una gran sonrisa en el rostro y dijo:

—Después de tres vasos de agua me sentí como nueva.

¡Pensar que iban a llevarla a un hospital psiquiátrico!

Aquí está la historia que otra estudiante de Ho'oponopono compartió con nosotros:

Mi nombre es Teresa y en mayo de 2005 caí enferma de lo que puedo describir como un colapso nervioso. Aún no sé si llamarlo de esa forma. Todo lo que sé es que mi marido y una nutricionista llamada Jean pensaban que estaba lista para irme de este mundo. Durante cinco días mi corazón latió a unas cien pulsaciones por minuto. No podía dormir y apenas era capaz de caminar de un lado a otro de la habitación. Tenía mucho temor de dormirme porque literalmente sentía que mi corazón se detenía. Permanecía en un constante estado de pánico. Mi pequeño tenía apenas dos años en ese momento. Esto sucedió cuando vivía en Hawái. En esos momentos mi médico era naturópata. No había tenido mucha suerte con la medicina occidental, pero cuando mi médico naturópata no pudo ayudarme no tuve otra opción que ir a urgencias, donde fui ingresada en la sala psiquiátrica.

Los doctores me llenaron de antidepresivos y ansiolíticos porque no podían entender cuál era mi problema. Nunca había sido una persona depresiva y nunca antes había consumido antidepresivos. Ellos insistían en que estaba deprimida y me suministraron dosis que quizá parecían más adecuadas para un elefante. Entre 2005 y 2008 fui internada en una unidad psiquiátrica cuatro veces. Los antidepresivos no me hacían efecto y continuaba empeorando. Traté de ponerle fin a mi vida muchas veces debido a que padecía un espantoso dolor emocional y una tremenda angustia. Lamentablemente, la solución del médico siempre era esta: «Suminístrenle más medicamentos».

Antes de esto, cuando vivía en Boston, había leído el libro de Kitty Dukakis sobre cómo la medicación no la había ayudado con su depresión y cómo había llegado al Hospital General de Massachusetts y le habían efectuado una terapia de choque. Pensé que esa sería mi única manera de sobrevivir.

A principios de 2007 recuerdo haber visto a Rhonda Byrne presentando *El Secreto* al mundo en el programa de Oprah Winfrey. Sentí una ráfaga de entusiasmo. No había sentido entusiasmo en mucho tiempo. Conduje hasta una librería y comencé a aprender a visualizar y a hacer que mis sueños más queridos se hicieran realidad.

Sin embargo, no pude nunca manifestar buena salud y continúe sufriendo. Hasta que mi familia y yo nos mudamos a San Diego. Yo sabía que había algo más allá de lo que había conocido o me habían enseñado en el pasado. Y la mudanza a San Diego fue casi como un milagro.

Comencé a estudiar varios tipos de sanación energética y a principios de 2008 me enteré de la Autoidentidad a través del Ho'oponopono. Estudié e hice el proceso de limpieza religiosamente. La depresión se me fue y arrojé todos mis adictivos antidepresivos y ansiolíticos a la basura. No he tomado absolutamente ninguna medicación desde el 11 de noviembre de 2008. Me siento de maravilla y sigo haciendo mi «limpieza» aún hoy, mientras escribo esto.

Atentamente,

TERESA

Espero que esto te ayude a ser más consciente la próxima vez que la memoria de la depresión quiera ocupar un lugar en tu vida. Ahora sabes que tienes una elección. Le puedes decir «gracias» o «te amo» a la depresión. De esta manera sueltas esta memoria y se la das a Dios, que sabe mejor el porqué de la depresión. ¡Elige soltar la depresión y siéntate en el asiento del conductor!

## Las adicciones

Las adicciones son memorias; por lo tanto, podemos borrarlas y soltarlas.

Quizá estés pensando: «Pero yo no tengo una personalidad adictiva», o «¡No tengo ninguna adicción!». Me gustaría invitarte a que reconsideres estas suposiciones.

¿Sabías que pensar es una adicción? Somos adictos al pensamiento. Tememos no poder funcionar correctamente si no «pensamos bien las cosas», cuando, en realidad, las cosas pueden fluir y funcionar mucho mejor si nos limitamos a soltar y confiar en el universo.

La comida es otra adicción aceptada. ¡Es algo sin lo cual hemos decidido que no podemos vivir! Muchas veces usamos la comida para medicarnos, como un analgésico. Comiendo, a menudo intentamos evitar sentimientos o enfrentarnos a ciertos problemas en nuestra vida. ¡Y no olvidemos la adicción a ir de compras! ¿Cuántas veces has ido de compras porque adquirir algo bonito te hace sentir mejor? Piénsalo. ¿Tienes alguna de estas adicciones?

Se puede necesitar un poco más de tiempo para soltar las adicciones que otras cosas. Si vieras la forma del pensamiento —sí, los pensamientos son cosas y tienen formas—, te darías cuenta de que las adicciones tienen anzuelos. Debido a esto son un poco más difíciles de borrar, pero se puede hacer. Es importante tener paciencia y poder observarlas estando en paz con ellas.

Por favor, no creas que tus adicciones son «malas». Recuerda que aquello a lo que te resistes persiste. Intenta amar y aceptar tu adicción. Muéstrale la otra mejilla, la mejilla del amor. Di «te amo» al cigarrillo, al alcohol, a las relaciones, a tu intelecto que cree que sabe... El amor puede curarlo todo. La única forma de dejar que las cosas difíciles se vayan es amarlas y no resistirse a ellas.

Ten paciencia. Si haces tu parte, Dios hará la Suya, pero solo a su debido tiempo, en el momento perfecto, no necesariamente cuando tú creas que debe hacerlo. A lo largo de todo el proceso es importante que también sueltes las expectativas.

Realmente ayuda trabajar con tu *unihipili* (niño interior) sobre esto, porque es tu parte emocional. Él es el que sufre. Puedes confortar a esta parte de ti mismo. Habla con tu niño interior como hablarías con un niño pequeño. Dile que todo estará bien, que estás con él y recuérdale que juntos podéis lograrlo. Asegúrale a esta parte tuya que no vas a abandonarla esta vez y que lamentas las veces que la descuidaste.

Recuerda que estás desaprendiendo, reprogramando, y que para tener éxito debes ser bueno contigo mismo. El amor y la aceptación de ti mismo son elementos cruciales de este proceso.

Una vez que domines este proceso podrás observar tu realidad desde un punto de vista completamente diferente. Estarás más desapegado y, por lo tanto, podrás apreciar tu adicción, la vida y el universo de cosas animadas e inanimadas que hay a tu alrededor.

Cuando te des cuenta de que la adicción son solo tus memorias y aceptes el cien por cien de la responsabilidad, finalmente podrás cambiarla. Descubrirás que no eres una víctima, porque si creaste y atrajiste la adicción también puedes soltarla.

El objetivo es ser feliz y estar en paz con o sin la adicción. Debemos alcanzar un punto en el que nos sintamos dichosos sin una razón específica. Una vez que conozcas este sentimiento, podrás despertarte a ti mismo cada vez que caigas en el sueño de la victimización. Podrás buscar esa paz y felicidad que tanto deseas dentro de ti y no en la adicción. Te darás cuenta de que no necesitas la adicción ni nada fuera de ti para ser feliz. Una vez que asumas el cien por cien de la responsabilidad y te des cuenta de que no eres tú sino tus memorias las que son atraídas a la adicción, podrás realmente decirle «gracias» a la adicción. Estarás agradecido por la oportunidad de crecimiento que te brinda y encontrarás verdadera alegría en tu corazón.

Recuerda: tú creas tu propia realidad, ¡por lo tanto tú puedes cambiarla! La adicción solo es otra oportunidad para crecer y encontrar tu verdadero yo.

## Las dietas

¿Qué sientes cuando oyes la palabra «dieta»? ¿Te concentras en el dolor que representa no comer todo lo que te gustaría comer? Pero ¿qué podría ser más doloroso que sentirte con sobrepeso, indefenso e incómodo?

Es verdad que mantenerse a dieta requiere esfuerzo. Pensamos en la comida todo el tiempo. Nos reunimos para comer. ¿Qué vamos a comer y dónde? Siempre hay comida a tu alrededor, dondequiera que vayas.

Podemos usar las herramientas del Ho'oponopono, a la vez que asumimos el cien por cien de la responsabilidad, para limpiar constantemente las memorias y pensamientos que tengan relación con la comida, tanto de forma consciente como inconsciente. Una muy buena forma de hacerlo es decir «gracias» y «te amo» a estas memorias. Sin embargo, conviene no olvidarse de desarrollar una fuerte relación de amor y confianza con nuestro niño interior para lograr el éxito. Recuerda que es esta parte de ti, tu parte emocional, la que sufre, no tú. ¡Esta es nuestra parte hambrienta o que piensa que no puede sobrevivir a menos que coma un helado de vainilla!

Una vez que comenzamos a soltar estas memorias de repetición y a ver los resultados elegimos mejor. Es una reacción en cadena. Cuando lo hacemos, nos sentimos tan bien y tan orgullosos de nosotros mismos que avanzamos con otras cosas que teníamos en suspenso. Nos sentimos cada vez mejor y nos volvemos imparables.

¿Con qué intensidad deseas lograrlo? ¿Estás dispuesto a hacer lo que sea necesario? A veces hace falta esforzarnos para conseguir lo que queremos, ¡pero podemos elegir practicar Ho'oponopono y realmente disfrutar el viaje!

Modificar nuestro peso o nuestra apariencia no será suficiente. Ellos están «fuera». Son solamente la manifestación física de las memorias y los programas, aquello que decidimos creer que necesitamos. Si no cambias estos últimos, incluso si pierdes peso la felicidad puede ser temporal.

Quiero compartir algo que me sucedió en mi último viaje a Japón. Fue muy importante para mí. Estábamos en Okinawa y encargué que me subiesen comida a la habitación. El pollo que me trajeron venía con arroz y les pedí que cambiasen el arroz por vegetales. Dijeron que de acuerdo, pero cuando volvieron a traer la cena a mi habitación ¡habían reemplazado el arroz por patatas fritas!

Amo las patatas fritas; diría que son una de mis debilidades. En el pasado nunca habría podido decirles «no», ¡de ninguna manera! Incluso solía comer las que les sobraban a los demás.

En esa ocasión me introduje una patata en la boca, hasta llegué a saborearla, pero me la saqué de la boca y corrí con el plato al baño. Las tiré. Sí, ¡las tiré! Ni yo lo podía creer, porque además tenía una excelente excusa para no hacerlo: la comida que quedaba en el plato no era suficiente para satisfacer mi hambre.

En mi experiencia, logré hacerlo porque llegué al punto de decir: «¡Ya basta!». Al llegar a este punto te comprometes contigo mismo a hacer lo necesario para cuidar bien de ti, a no lastimarte más. Debes amarte a ti mismo lo suficiente para tener la fuerza para hacerlo.

Jamás habría logrado esto sin la ayuda de mi niña interior. Mientras me sacaba la patata frita de la boca, hablaba y tranquilizaba a mi niña interior diciéndole: «Podemos hacerlo. Todo estará bien. Nosotras estaremos bien».

Recuerda siempre que nada de lo que sucede en el presente tiene que ver con lo que realmente está sucediendo ahora mismo. Para cambiar algo en tu vida, es esencial trabajar con las memorias que se repiten sin cesar y te mantienen atrapado en tu realidad actual.

# 6

## Las relaciones

### Ho'oponopono y la pareja

El Ho'oponopono es muy útil para todas nuestras relaciones, en especial las más cercanas, como las que tenemos con nuestros hijos o nuestra pareja. Es en ellas donde solemos tener más memorias que soltar. Cuando soltamos estas memorias, cambiamos profundamente. Este cambio hace que todo nuestro mundo cambie, incluidas nuestras relaciones.

Cuando decimos en voz alta, a alguien, las palabras «te amo» y «gracias», estas se muestran tremendamente poderosas y valiosas. A veces, aunque uno no lo sienta, es extremadamente eficaz lo siguiente: cuando alguien nos hace algo que consideramos injusto o una persona nos dice algo que nos molesta, en vez de contestar, en lugar de darle nuestro punto de vista y tratar de convencerla de que tenemos razón, podemos repetir en nuestra mente las veces que sea necesario «te amo, te amo, te amo», o «gracias, gracias, gracias». Estas herramientas suelen provocar resultados sorprendentes. A veces la persona se disculpa cuando menos lo esperábamos. Otras veces puede que siga en lo mismo, pero uno ya no lo nota ni se siente afectado. Con ciertas personas las dificultades son más pasajeras que con otras. Con algunas tenemos más recuerdos. No debemos olvidar que todo cambia según nuestra percepción de los acontecimientos, los individuos y las situaciones. Lo mismo sucede con los demás: todo depende de su percepción, su punto de vista, sus memorias. La vida es como una película que vimos ya muchas veces y sigue repitiéndose una y otra vez porque seguimos reaccionando constantemente.

Quiero compartir contigo esto que me escribió un estudiante en enero de 2009 para que veas el enorme poder que tienen estas herramientas:

Hace un año llegué al punto de no poder entender a mi esposa. Era difícil llegar a acuerdos, incluso determinar qué clase de *pizza* pediríamos para cenar. En ese momento supe que necesitaba ayuda. Sin perder tiempo, me comuniqué con una amiga en Nicaragua que tiene experiencia trabajando con parejas. Le escribí un correo electrónico preguntándole lo siguiente: «¿Qué técnica puedo usar para entender a mi esposa? Necesito algo de consejo antes de perder la paciencia. ¿Cuánto cobrarías por una consulta telefónica o por correo?». Ella respondió a mi correo indicando que yo había hecho una pregunta muy seria que no se podía tomar a la ligera. Me dijo que necesitaría más detalles de los aspectos que generaban los problemas y me preguntó cómo contribuía yo a esos problemas. Le expliqué que, básicamente, necesitaba ayuda para encontrar la manera correcta de lidiar con la energía negativa que experimentaba cuando mi esposa se enfadaba. En ocasiones no podía entender su reacción a preguntas simples que le hacía y, honestamente, no era consciente de cómo contribuía yo mismo a la situación. Mi amiga tenía que participar en un congreso en Guatemala. Yo tendría que esperar su respuesta para continuar con mi consulta. Finalmente recibí un correo. En él no mencionó nada sobre mi pregunta. En cambio envió un correo masivo, una presentación de PowerPoint muy agradable sobre «El arte de callar» y «Las máscaras venecianas». En el encabezado enunció lo siguiente: «El arte de callar nos hace sabios y el arte de hablar cuando corresponde nos hace amigos». Uno de los destinatarios de este correo no pudo abrir el vídeo adjunto y pidió apoyo al grupo a quien se lo había enviado. Yo no conocía a esa persona, una mujer. Sin embargo, a modo de cortesía, le envié el material. Se mostró muy agradecida y nos mantuvimos en contacto. Un día me envió información en español sobre el Ho'oponopono. La información era rica en contenido e incluía la colección del método para resolver problemas que fue realizada por un artista brasileño. No pude entender cómo aplicar todo aquello. Entonces me recomendó el libro de Mabel Katz *El camino más fácil*. Busqué en Internet y encontré que Mabel Katz y el doctor Hew Len darían una teleconferencia el 23 de enero de 2008. No lo dudé ni por un minuto y me registré. Entretanto, leí acerca del Ho'oponopono tanto como pude. Esta amiga de Costa

Rica me sirvió de gran apoyo; me ofreció información que podía usar antes de la llamada. Una de las recomendaciones que recibí de Joani, una colaboradora de Mabel, al obtener la información sobre la teleconferencia, fue que limpiara, antes, durante y después de la llamada. Todo esto era nuevo para mí. Ella me proveyó con algunas herramientas. Yo estaba realmente emocionado por la oportunidad de participar, por tener acceso a los maestros Hew Len y Mabel Katz. Durante la llamada, no dejé de repetir en mi mente «yo te amo» para estar claro. Durante la clase obtuve dos despertares muy importantes con respecto a las relaciones:

El primero, cuando Mabel estableció que la relación perfecta no es aquella en la que estás de acuerdo en todo, sino aquella que te muestra dónde hay que limpiar. Yo dije que eso era lo que mi esposa estaba haciendo; me estaba brindando la oportunidad de limpiar. Estaba sumamente agradecido a mi esposa por ello.

El segundo despertar fue gracias al doctor Hew Len, quien indicó que la relación más importante es la que tenemos con nosotros mismos. Este concepto cambió mi forma de pensar y empecé a enfocarme en mí mismo en vez de tratar de entender lo que estaba sucediendo con mi esposa.

¡Cuando la llamada terminó, me sentí libre! Fue realmente maravillosa, aun cuando ninguna de mis preguntas fue contestada específicamente. Obtuve la respuesta que buscaba en el momento en que alguien más tuvo la oportunidad de preguntar algo sobre las relaciones de pareja. También obtuve la respuesta a la pregunta que le hice a mi amiga sobre el «método» que necesitaba usar para entender a mi esposa. De alguna forma siento que pregunté desde el fondo de mi corazón y el universo respondió: «El Ho'oponopono es el método que estás buscando».

Desde esa llamada me convertí en estudiante de Mabel y del doctor Hew Len.

Mi esposa no conoce el Ho'oponopono, y eso no es problema. No estoy haciendo nada para forzarla a que use esta técnica si no muestra interés o si no está inspirada a hacerlo. Esto no es una restricción para que yo la use. Para poder limpiar, sigo la recomendación de Mabel. Por ejemplo, si mi esposa se enoja por cualquier razón y eso me molesta, repito en mi mente: «Lo siento. Por favor, perdóname por lo que sea que haya en mí que haya creado este problema. Te amo. Gracias». Si aun así siento malestar, sigo repitiendo en mi mente: «Te amo. Gracias», hasta que la molestia desaparece. Lo que sea que le diga o que ella me diga después de este proceso de limpieza es mágico, divino, y pareciera que la comunicación se establece de alma a alma. Esto es asombroso, y todo lo que tengo que hacer es trabajar en mí mismo.

La otra herramienta de Ho'oponopono que uso es el agua solar azul. Una vez que aprendí cómo prepararla, conseguí dos botellas azules llenas de agua y las puse al pie de mi ventana. Las dejo un día y las guardo en la nevera en un recipiente por la noche. Me tomo por lo menos una botella diariamente. Mis hijos me han pedido que duplique la cantidad, ya que comenzaron a beberla y les encanta.

Es importante mencionar que también uso el método del «tazón índigo» que me recomendó el doctor Hew Len: mentalmente pongo todos mis problemas, incluidas las relaciones, en un tazón índigo suspendido en lo alto del volcán Haleakala, en Hawái. Luego, mentalmente, le cambio el color a todo el contenido por azul hielo y luego por blanco. Al día siguiente me siento restaurado.

¿Cómo sé que esto funciona en mi relación? Bueno, reconozco que la relación no es perfecta. Sin embargo, cuando mi esposa me da las gracias por ser el hombre con quien se casó, me siento muy bien. Por otro lado, ahora podemos llegar a acuerdos, crear proyectos, etcétera. El hecho de que mi esposa y yo viajáramos al Caribe durante cinco días el año pasado, después de tantos años de dedicación a nuestros hijos, fue verdaderamente maravilloso. También hicimos un viaje a nuestro país de origen con los niños, lo cual fue una gran experiencia para toda la familia.

La semana pasada, cuando Mabel me pidió que escribiera algo acerca de cómo funcionaba el Ho'oponopono en mi relación, tuve un incidente con mi esposa por un motivo de dinero. Me sentí muy mal. Por un momento me dije: «¿Cómo voy a decirle a Mabel que esto funciona para mí si no soy feliz ahora mismo?». Estaba claro que esto no provenía de la inspiración, sino de alguna información grabada en mi memoria, la cual creó el problema. Supe que tenía que dejar ir las cosas (limpiar). Esa noche me dediqué a limpiar, simplemente diciendo: «Te amo. Gracias» mentalmente, y antes de irme a la cama usé el tazón índigo para limpiar todos mis problemas, sin expectativas (¡muy importante!). Al día siguiente me acerqué a mi esposa y le dije directamente:

—Lo siento. Por favor, perdóname por crear el problema. Te amo. Gracias.

Ella me miró, me abrazó y dijo:

—Lo siento. Por favor, perdóname por lo que hice.

Entonces, esa pared imaginaria que nos estaba separando desde el incidente desapareció. Sencillamente se disolvió. Todos los sentimientos desagradables que estaba teniendo se liberaron. De manera que ahora puedo reafirmar que el Ho'oponopono funciona para mí en mi relación.

Soy consciente de que tengo mucho más por limpiar. La diferencia es que ahora dispongo del método para hacerlo. Hago lo que sea posible hacer como ser humano. El resto depende de Dios.

Lo siento. Por favor, perdóname. Te amo. Gracias.

ISAAC

El Ho'oponopono es un gran método que nos puede traer más paz y felicidad en nuestras relaciones. Es importante saber que lo único que tenemos que hacer es trabajar en nosotros mismos, que los otros solo aparecen para mostrarnos lo que tenemos dentro y que estamos listos para soltar. Recuerda: lo problemático no eres tú y no es la otra persona; son solo las memorias.

Enciende la luz. No te tomes nada de un modo personal ni hagas suposiciones. Nadie es culpable. Haz todo lo que puedas para soltar y no engancharte.

Elige ser feliz en vez de tener razón.

## HO'OPONOPONO Y LOS HIJOS

La paternidad puede ser más fácil de lo que piensas, y es definitivamente mucho más gratificante y eficaz solo con que recuerdes un par de verdades.

La mayoría de los problemas y dificultades que tenemos con nuestros hijos son creados y controlados por programas que se hallan en nuestro banco de memorias (nuestro sub-consciente). Estos comienzan a correr en nuestra mente y luego aparecen en nuestras pantallas, lo cual nos hace reaccionar con nuestros hijos de ciertas maneras. Nuestras reacciones son solo memorias repitiéndose.

¿Piensas que tus hijos están aquí para que les enseñes, para que les digas qué es lo correcto y perfecto para ellos? De hecho, ellos han venido para enseñarte a ti. Están aquí para darte una oportunidad de borrar esos programas que te limitan. Si no sabes lo que es correcto para ti, ¿cómo puedes saber lo que es correcto para tus hijos?

Tus hijos están en tu vida para mostrarte lo que necesitas trabajar en ti. No sientas temor de resolver problemas con ellos. Te asombrará su conexión con la inspiración y lo sabios que son. En realidad son más sabios porque son más puros y honestos con sus sentimientos y pensamientos.

Los niños te observan, no te escuchan. El amor y la aceptación hacia uno mismo son fundamentales para nuestro bienestar y el de nuestros hijos. Lo mejor que podemos hacer por nuestros hijos es mostrarles que nos amamos y nos aceptamos como somos. Este es el mejor regalo que le puedes ofrecer a tu hijo; le ayudará a evitar buscar el amor y la aceptación fuera, como nosotros solemos hacer.

El amor es el viento debajo de tus alas. Necesitas amarte a ti mismo, ser feliz y predicar con el ejemplo. Los padres amorosos crean hijos amorosos, y los hijos amorosos crean un mundo de amor.

Cuando desperté a esta verdad (antes era muy escéptica y cerrada), les dije a mis hijos:

—¿Sabéis?, vosotros podéis ser felices ahora; no tenéis que esperar como yo.

También les enseñé que estaba bien que se pusieran a ellos en primer lugar y que hicieran lo que funcionara para ellos. Sí, comprendo que esto suena un poco egoísta, pero lo que descubrí fue que cuando haces algo por los demás o pones a los demás primero (incluso a tus hijos), si no funciona para ti no funcionará para ellos. La verdad es que cuando tú estás bien, tus hijos están bien. No es al revés. Debemos despertar, porque cuando nosotros somos felices, nuestros hijos son más felices. No les podemos dar lo que no tenemos.

¿Te gustaría saber cómo comunicarte con ellos más eficazmente? Todo lo que necesitan escuchar de ti es: «Te amo; gracias por estar en mi vida». Aunque es adecuado que se lo digas cuando están despiertos, el mejor momento para decírselo es cuando están durmiendo, ya que sus subconscientes te pueden escuchar y tus palabras van directamente a sus corazones. Si no sientes pronunciarlo en voz alta, hazlo mentalmente cada vez que pienses en ellos o sientas que te estás enganchando o estás reaccionando con ellos. Incluso si tu hijo ya no vive contigo, ¡háblale cuando sabes que puede estar durmiendo! Este método funciona aunque lo hagas entre dientes y enojado. Recuerda que solo estás apretando la tecla de suprimir, así que lo puedes hacer mentalmente. Funciona incluso si no lo dices de verdad o no lo sientes en ese momento.

Cuando haces todo esto, te puedes relajar, porque, al hacerlo, le estás dando a alguien que los conoce mejor permiso para que los cuide y se encargue de ellos. Tú realmente no sabes lo que tus hijos vinieron a hacer y experimentar en esta vida, ni lo que es perfecto para ellos, pero Dios sí lo sabe. Agradece su existencia y lo que vinieron a ofrecerte, y todos cosecharéis grandes frutos. Cada vez que digas «gracias» o «te amo» (aunque solo sea mentalmente cuando no lo sientas), en vez de reaccionar, tratar de controlar y preocuparte estarás entregando tus hijos a Dios para que Él los guíe y los proteja.

Por favor, no mediques a tu hijo para que se porte bien y así tú o sus maestros os podáis relajar. La mayoría de las frustraciones de nuestros hijos provienen del hecho de que estamos dormidos. No les digas lo que tienen que hacer. Préstales atención. Escúchalos. Permíteles ser ellos mismos. Aliéntalos a que escuchen el CD de mi libro para chicos, *El camino más fácil para crecer*, antes de irse a dormir. Los niños felices nunca son un problema para nadie. Cuando estamos bien, nuestros niños están bien. No es al revés. ¡Ellos están esperando que entendamos esta verdad!

Los niños son el futuro y podemos cambiar el mundo ayudando a nuestros hijos a mantener su alegría a través del amor y la aceptación de sí mismos. Es así como cambiaremos la realidad. Es mi deseo que un día la infelicidad humana sea una excepción y no la regla. Creo en mi corazón que esto es posible y que con el Ho'oponopono lo podemos lograr.

## EL MALTRATO

Frecuentemente asisten a mis entrenamientos de Ho'oponopono estudiantes que han sido víctimas de maltrato. Siempre es muy duro para ellos aceptar el cien por cien de la responsabilidad de lo que les ocurrió y darse cuenta de que fueron ellos quienes atrajeron esas terribles experiencias.

Les es especialmente difícil de asumir si el maltrato les sucedió siendo niños.

Aunque sea muy duro de aceptar, lo cierto es que considerarse víctima es una elección. Una vez que asumimos la total responsabilidad, nos liberamos de las cadenas y nos volvemos capaces de materializar cambios en nuestra vida.

Durante uno de mis talleres en Rumanía mencioné a la clase lo importante que es no vernos como víctimas. Les dije que somos cien por cien responsables de cada situación y cada persona que atraemos a nuestras vidas y que así como elegimos a nuestros padres lo elegimos también todo antes de venir. Algunos estudiantes se sorprendieron con mis comentarios. Luego una mujer levantó la mano y dijo:

—Esto me lo confirmó mi hija cuando era pequeña.

Tanto la madre como la hija (adolescente ahora) estaban en el taller. La hija comenzó a compartir la historia con nosotros. Nos dijo que ella recordaba todavía muy claramente que antes de ser concebida en el vientre materno estaba buscando a su madre entre muchas estrellas. Instintivamente sabía que una de esas estrellas era su madre. De repente vio una muy brillante, y en ese instante supo que la había encontrado.

Después de ese seminario, escribí esto en uno de mis boletines de noticias, y recibí el siguiente correo electrónico de una mujer llamada Rossana, de Argentina:

¡Hola!

Escribo porque cuando leí el boletín no me sorprendí con la historia de la niña, porque yo pasé por una situación similar. Fue hace siete años. Recordé claramente que cuando comencé a vivir había elegido no nacer y le dije a la persona que me guiaba que me había equivocado al elegir aquella familia, que no lo iba a lograr. Pero esa persona me dijo que tenía que seguir adelante, que lo lograría, que no estaría sola porque ella permanecería a mi lado. Luego me tomó de la mano y me llevó hacia donde se encontraban las estrellas y me dejó allí. Desde ese lugar comencé a viajar a través de las estrellas hacia la vida.

Pensé que podría ser útil compartir esta experiencia.

Saludos cordiales,

Rossana

Si atravesamos momentos difíciles con nuestros padres, es duro para nosotros aceptar que lo elegimos porque olvidamos quiénes somos. ¿Cómo podríamos siquiera considerar la posibilidad de elegir una experiencia como esa? Pues bien, no lo hacemos a un nivel consciente, pero una parte de nosotros sabe lo que está sucediendo.

Un día recibí un correo electrónico que hablaba de una persona famosa que también había pasado momentos muy difíciles en su vida. Se refería a Oprah Winfrey, presentadora de televisión, productora, actriz, empresaria y filántropa estadounidense. Presta atención. Mira a tu alrededor. Muchas personas como Oprah, que han tenido experiencias terribles en sus vidas y eligen no verse a sí mismas como víctimas, están usando sus experiencias para cambiar el mundo para mejor.

¿Te consideras una víctima del maltrato? Es hora de que despiertes y marques una diferencia. Tú estás aquí para hacer algo GRANDE. Tú eres GRANDE. Lo que sucede es que no lo recuerdas. Es posible que hayas tenido que pasar por esa terrible experiencia para poder liberarte y ayudar a otros que atravesaron por la misma experiencia a recordarles que están por encima del maltrato.

Permíteme compartir un estudio que fue hecho con prisioneros. En el estudio, a los prisioneros se les mostraron distintas personas; luego se les pidió que eligieran a cuáles robarían y a cuáles no. Después se les preguntó qué fue lo que determinó su elección. La abrumadora respuesta fue que todos ellos habían elegido a aquellos que pensaban que no se defenderían. Ya ves; hay algo en nosotros que atrae ciertas situaciones y personas a nuestras vidas, sin que ni siquiera lo sepamos conscientemente.

No estoy diciendo que después de ser víctima de una violación o un robo lo celebres. Lo que sugiero es que es necesario aceptar que hay algo en ti que atrajo al violador o al ladrón para que te eligiera como su víctima. Lo que sugiero es reconocer que la experiencia fue producto de los programas, de nuestras memorias, y que la elegimos porque nos daría la posibilidad de corregir errores (a lo mejor de otra vida) y así liberarnos para poder comenzar a atraer algo diferente. Es importante no sentirnos culpables, pero sí asumir el cien por cien de la responsabilidad. ¡Recuerda siempre que la responsabilidad y la culpa no son sinónimas!

Venimos a rectificar errores, a descubrir quiénes somos y a liberarnos. El universo siempre es perfecto, y las situaciones que se presentan en nuestras vidas son sencillamente bendiciones disfrazadas.

Recuerda que el problema no es nunca el problema; el problema es cómo reaccionamos al problema. Nunca se trata de ti ni de la otra persona, sino de los programas que están funcionando en tu subconsciente (las memorias). Estos programas pueden atraer la situación perfecta y darnos la oportunidad de soltar y borrar.

Recuerda que no hay nada malo en ti. Cuídate y ámate. Lo más importante es que te perdones por ser la víctima y que perdones a la persona que te trató injustamente para que el dolor se pueda ir y dejes de castigarte. Al soltar la culpa, la vergüenza y el resentimiento podemos utilizar la experiencia para liberarnos y marcar una diferencia en la vida de otra persona.

## CUANDO PERDEMOS A UN SER QUERIDO
### *La pérdida*

Algunas veces la muerte nos separa de nuestros seres queridos. Otras veces nos distanciamos de ellos, o alguien con quien estamos decide distanciarse de nosotros.

¿Por qué quedamos tan apegados y somos tan dependientes y sentimos que no podemos vivir sin las personas que amamos? ¿Por qué perdemos nuestra concentración o la confianza en nosotros mismos o somos incapaces de funcionar adecuadamente cuando perdemos a un ser querido? Quizá sea porque pensamos que no somos nada sin ellos.

Desafortunadamente hay cosas que olvidamos...

Olvidamos que somos más que nuestros cuerpos y que nuestra esencia es eterna. Cuando las personas que amamos fallecen, en realidad terminan estando más cerca de nosotros que cuando ocupaban sus cuerpos.

Olvidamos que nunca estamos solos y que el universo (Dios) está siempre a nuestro lado esperando que le demos permiso para llevarse nuestras penas y resolver nuestros problemas.

Olvidamos que nadie fuera de nosotros nos puede hacer felices. Si elegimos estar con alguien debe ser porque queremos y no porque lo necesitemos. Todo lo que buscamos y necesitamos está en nuestro interior.

Sin embargo, sentimos que esta sensación es más fuerte que nosotros, que no podemos evitar experimentarla. Esto es lo que sucede cuando nuestras memorias se repiten en nuestra mente o son activadas.

Es muy difícil aceptar que somos el cien por cien responsables y que algo dentro de nosotros crea y atrae o aleja a la gente, las circunstancias y los problemas en nuestras vidas. Sin embargo, cuando lo aceptamos podemos comprender que, como los hemos creado y atraído, somos los únicos que podemos cambiarlos. También es importante saber que no somos víctimas y que quizá no podemos evitar sentir dolor por nuestra pérdida, pero que el sufrimiento es opcional. Nosotros «elegimos» sufrir. El hecho de sufrir es una adicción.

Necesitamos saber que las personas aparecen en nuestras vidas y se van de ellas para darnos una oportunidad. Son un regalo, una bendición. Nos ayudan a reconocer aquello que necesitamos cambiar y a trabajar en nosotros mismos. Si decidimos aceptar el cien por cien de la responsabilidad y abstenernos de reaccionar o culpar, podemos realmente encontrarnos y descubrir lo poderosos que somos en verdad. Entonces comprendemos que podemos cambiar nuestras vidas sin depender de nada ni nadie que esté fuera de nosotros.

Solo nuestros «pensamientos» de nuestros seres amados nos dejan. Nuestra esencia, lo que realmente somos, no desaparece. Somos eternos.

Sí, ya lo sé; es más fácil decirlo que hacerlo, pero el Ho'oponopono puede ayudarte muchísimo. Te ofrece herramientas que puedes probar para ver si te ayudan a aceptar y atraer más paz a tu vida. Por ejemplo, cuando estés muy ansioso, puedes repetir mentalmente «gracias» o «te amo». Agradecer y amar los pensamientos que nos hacen sentir solos, necesitados o dependientes son maneras de soltarlos y permitirles que pasen más rápidamente.

Aquello a lo que nos resistimos persiste. La clave es que no es cuestión de intentar cambiar las circunstancias o a las personas sino de encontrar la paz y la tranquilidad en nuestro interior, sin importar lo que esté ocurriendo a nuestro alrededor.

## La muerte

Todos le tememos a lo desconocido. No sabemos quiénes somos, ni nos acordamos de que estamos aquí temporalmente y que no somos nuestro cuerpo.

En realidad nos cuesta admitirlo, pero muy posiblemente le tengamos más miedo a la vida que a la muerte. Nos tenemos miedo a nosotros mismos. Tenemos miedo de estar solos. Tenemos miedo hasta de nuestra propia sombra.

Es la mente la que teme a la muerte, quizá porque ya está muerta. La mente no está nunca en el presente, que es lo único que existe. Ella se concentra siempre en el pasado, en lo acumulado según las experiencias, o en el futuro, preocupándose constantemente por lo que vendrá.

La muerte es lo desconocido. No confiamos en ella y nos produce pavor porque no sabemos lo que nos depara después de ella. En nuestro temor nos olvidamos de que después de la muerte viene siempre el renacimiento. En cada momento algo nace y algo muere en nosotros. Morir y vivir van de la mano. No existe lo uno sin lo otro. Este es el proceso de la vida. Morir forma parte del proceso de vivir.

Creemos que la vida comienza con el nacimiento y termina con la muerte. Esto es como creer que comienza al amanecer y termina al anochecer. Pero la muerte no es el final. Seguimos existiendo y cada vida es como un día del proceso. Nos despertamos y nos dormimos, una y otra vez.

Como decimos en Ho'oponopono, la muerte es solo una memoria. Suéltala y limpia. Escucha a tu corazón y confía, porque no desaparecemos. La muerte es solo una transición.

Voy a relatar un par de historias que me contaron mis estudiantes.

En Rumanía, una señora me dijo que se le había muerto el perrito. Mientras estaba llorando, su hijo de siete años le preguntó:

—¿Por qué estás llorando?

Ella le respondió:

—Bueno, porque se nos murió el perro. Lo extraño.

Y él le dijo:

—Pero ¿por qué lloras?, si él va a volver.

Creo que al cabo de un año (no entendí bien todos los detalles) tenían cinco perros; el hijo le mostró uno y le dijo:

—¿Ves ese? Ese era nuestro perro, y un día va a hacer algo que es un secreto entre tú y él. Nadie sabe lo que hará, pero va a hacer algo, y entonces tú te darás cuenta de que es él.

Un día la señora estaba tomando café y puso la taza en un lugar alto porque fue a hablar con una vecina, y este perrito subió hasta donde estaba la taza y empezó a tomarse el café. Y eso era lo que hacía el perro de ella antes: tomaba el café de su taza. En ese momento supo que era él.

En Budapest, una señora me contó que su hija de tres años le dijo:

—¿Tú sabes, mamá, que yo una vez me ahogué y me tuve que volver a vivir con los angelitos? Pero ahora estoy aquí y vivo contigo.

La madre pensó que la niña había visto alguna película, que estaba inventando historias, pero después recordó que ella había perdido a un bebé porque había nacido muerto; se había ahogado con el cordón umbilical. Entonces se dio cuenta de que su hija era esa misma alma.

Esto nos da la idea de que realmente no somos un cuerpo. Andamos perdidos, no sabemos, pero la muerte definitivamente no es lo que nosotros pensamos.

No desaparecemos. Nos transformamos y volvemos a ser lo que somos: energía. Somos mucho más que un cuerpo.

Tercera parte

# HO'OPONOPONO, TÚ Y LA SOCIEDAD

# 7

## Tiempos de cambio

### Acepta el cambio. Fluye

Somos extremadamente tercos. Siempre insistimos en mirar al pasado o al futuro en vez de disfrutar el presente. Perdemos muchísimas oportunidades y bendiciones quejándonos del pasado o preocupándonos por el futuro.

Los cambios han llegado y aquí se quedarán. El primer *tsunami* fue la crisis económica, pero como no vimos el agua no nos dimos cuenta. Los *tsunamis* ya han empezado y continuarán. Nos esperan toda clase de *tsunamis*: sociales, políticos, económicos, emocionales y naturales.

Ahora todo depende de ti y de las elecciones que hagas. ¿Seguirás siendo arrogante y pensando que tú sabes más y haciendo lo mismo de siempre?

Las viejas formas de hacer y pensar ya son obsoletas. Si no abres tu mente y tratas de ser más flexible, te irás con uno de los próximos *tsunamis*. No hay nada de malo en esto, si es que ocurre, pero de ti depende. Tú eliges libremente.

Me pregunto: después de todo por lo que hemos pasado, ¿no te gustaría quedarte y ver cómo la Tierra se convierte en un paraíso una vez más? Yo sí quiero verlo.

¿Recuerdas la historia de la Creación que el doctor Ihaleakalá me contó y que he compartido en el apartado «El intelecto», en la página 79? El Ho'oponopono consiste en elegir. No se puede servir a dos maestros. O sueltas (el camino más fácil) y permites que la inspiración (Dios/universo) te guíe, o continúas haciéndolo por tu cuenta y repitiendo viejas memorias (el camino más difícil). Solo existen dos posibilidades; eso es todo. O te dejas llevar por la inspiración o por tus viejas memorias, que se repiten incesantemente.

Practicar Ho'oponopono es permitir que Dios te guíe. Siempre que hagas la limpieza (pedir ayuda y dar permiso) no necesitarás preocuparte por nada. Serás guiado y protegido y permanecerás en la corriente de la vida, que te colocará en el lugar correcto, en el momento perfecto y con las personas adecuadas.

Todo está en perfecto orden. Solo es cuestión de soltar tus viejas creencias, opiniones y juicios y permitirte fluir con la corriente. Sé más humilde y admite que no sabes.

Estos son tiempos asombrosos y apasionantes. Requieren que atravesemos la oscuridad para poder ver la luz. La facilidad o dificultad con que lo hagamos depende plenamente de nosotros.

Conviértete en un niño otra vez. Es el momento de regresar a *casa* (el paraíso), de ser nosotros mismos y de hacer las cosas a la manera de Dios en vez de a la nuestra.

La única pregunta es: ¿prefieres viajar en primera clase o nadar? Tú eliges.

## EL ROL DE LA MUJER

En esta nueva era, nosotras, como mujeres, tenemos una importante tarea sobre nuestros hombros: nos corresponde a nosotras predicar con el ejemplo. Somos los pilares, la base. Debemos llevar a cabo nuestra labor pero al mismo tiempo respetando, apreciando y pidiendo colaboración, dado que no lo podemos hacer todo nosotras solas.

Tenemos que soltar nuestra necesidad de competir que proviene de antiguas opiniones y juicios, como el hecho de pensar que no hay suficiente para todos. Debemos dejar de vernos como víctimas, competidores o enemigos. El común denominador es que todos estamos buscando la felicidad. Eso es todo.

No estamos aquí para competir con nadie. No nos confundamos. Muchas veces la persona más activa es la más incapaz y la más pasiva termina siendo la más poderosa. Todo tiene una compensación. Debemos soltar nuestra mentalidad de víctima y dejar de culpar a otros. Somos cien por cien responsables y todo depende de las decisiones que tomemos.

Sin importar qué hagan las mujeres ni dónde lo hagan (en el hogar o fuera de él, en el mundo de los negocios), es importante que estén conectadas a esa parte de ellas que es más sabia. Algunas personas lo llaman sexto sentido. Yo lo llamo inspiración. La inspiración es esa inexplicable sensación de «saber» que a veces nosotras experimentamos. Aunque pueda parecer ilógico, absurdo o hasta ridículo, es muy importante que las mujeres aprendan a confiar en su propia inspiración, dado que ella tiene todas las soluciones a nuestros problemas y nos ofrece las respuestas correctas a nuestras preguntas.

Las mujeres somos el ejemplo. La experiencia de vivir es buscar placer y amor para uno mismo y compartirlo con los demás. Aprendemos a amar con el ejemplo. Cuando las madres se aman y se aceptan a sí mismas, les enseñan a sus hijos a amarse y a aceptarse. Por eso es esencial que las mujeres sean felices, hagan lo que aman y confíen en ellas mismas en el hogar y en el trabajo, porque las mujeres felices crean hijos felices, y los hijos felices crean familias y negocios felices.

Albert Schweitzer dijo: «El éxito no es la llave de la felicidad. La felicidad es la llave del éxito. Si amas lo que haces, tendrás éxito». Elige la felicidad. Todo comienza por ti. Cuando seas feliz, todos lo serán. Una mujer feliz es una mujer con éxito.

# 8

## El camino de la abundancia

### La economía en estos momentos

«Los Estados Unidos han caído en una recesión tan profunda que tal vez sea la más seria desde la Segunda Guerra Mundial», dijo al inicio de la actual crisis Martin Feldstein, presidente del Grupo de Cambridge, quien es considerado una autoridad en ciclos económicos.

¿Qué podemos esperar si continuamos con las tendencias actuales? Posiblemente la gasolina llegue a valores altísimos, se produzcan grandes pérdidas en el mercado de valores y haya volatilidad en el mercado, dificultad para obtener crédito, un récord de juicios hipotecarios en toda la nación, grandes cantidades de despidos y bancarrotas en las principales empresas de los Estados Unidos.

¿Qué haces cuando miras las noticias? ¿Te dejas llevar por la idea de que estamos en una recesión? Te pido que lo reconsideres.

Suele decirse que «nuestro temor más profundo no es el de ser incapaces. Nuestro temor más profundo es que somos poderosos más allá de cualquier imaginación». ¡Y la verdad es que lo somos!

Definitivamente somos el cien por cien responsables de lo que decidimos creer y de las elecciones que llevamos a cabo consciente e inconscientemente. Somos tan poderosos que si decimos que sí podemos, podemos, y si decimos que no podemos, no podemos. Siempre tenemos la razón. En otras palabras, tú decides lo que significa la recesión para ti. ¿Se trata de un desastre o de una oportunidad?

¿Piensas concentrarte en el problema y de ese modo atraer más problemas? En lugar de eso, te sugiero que elijas concentrarte en las posibilidades. Te sorprenderás de cuánto poder tienes para resolver tus propios problemas.

Hacer las preguntas correctas nos ofrece las respuestas correctas, mientras que hacer las preguntas equivocadas, tales como «¿por qué yo?», nos ofrece solamente respuestas equivocadas. La *imaginación*, la *creatividad* y la *confianza* en ti mismo son más importantes que el conocimiento. Todo depende de ti. La forma en que está programada tu mente es la clave. Dime qué piensas y te diré quién eres.

¿Sabes que hay muchas personas que ganan dinero durante las épocas de recesión? Durante la Gran Depresión, muchos hicieron grandes fortunas, o aumentaron enormemente la que ya tenían. Pero no solo los ricos se volvieron más ricos; muchos ciudadanos comunes encontraron la manera no solo de sobrevivir, sino también de prosperar en ese contexto. Por ejemplo, Donald Trump fue entrevistado por la CNN; mencionó que estaba preocupado (que no podía evitarlo), pero dijo: «Este es un gran momento para ganar dinero. Hay muchas oportunidades disponibles».

Ha llegado la hora de pensar y actuar de modo diferente, la hora de confiar en que tú también puedes lograrlo. Es el momento de hacer lo que más amas. Permite que tu pasión te guíe. Sigue el instinto de tu corazón en lugar de tu intelecto, porque, no importa cuántos títulos universitarios o cuánto dinero tengas, tu intelecto no sabe nada. De hecho, es tu intelecto el que «compra» las noticias.

¡Siempre estamos eligiendo! La mayoría de las veces lo hacemos inconscientemente, pero *siempre* estamos eligiendo. Podemos elegir comprar las malas noticias que nos venden y vernos como víctimas y pensar: «Pobre de mí; mirad lo que me están haciendo», u optar por ser conscientes y aceptar el cien por cien de la responsabilidad.

Lo maravilloso de darse cuenta de que somos cien por cien responsables es que nos ofrece la posibilidad de tomar mejores decisiones. De nosotros depende cambiar las cosas eligiendo de manera diferente. La responsabilidad plena nos otorga libertad. Si tú creas algo, ¡tú solo puedes cambiarlo!

Así que comienza a crear tu propia realidad, no la que te venden. ¿Sabías que puedes hacer que las noticias acaben su negocio? Sí, las noticias son un negocio. No son un servicio público. Se dedican a ganar dinero. ¡Si las miras y las crees, ganan dinero porque has elegido comprar el producto que te venden! Todos somos clientes de lo que nos transmiten los medios de comunicación. Es posible LIBERARSE ahora mismo eligiendo una «realidad» diferente.

Si tú estás bien, todo lo demás estará bien. No es al revés. Solemos decirnos: «Cuando la economía mejore, seré feliz», «Seré feliz cuando haya un nuevo presidente», «Cuando el mercado de bienes raíces vuelva a subir, entonces sí seré feliz»... Pero tu felicidad no depende realmente de eso. Aprende a ver la bendición que hay detrás de cada desafío.

Hay un regalo oculto en la recesión. El primer paso necesario para llegar a ese regalo oculto y cambiar cualquier dolor que haya en tu vida es estar dispuesto a decir simplemente «gracias» a la recesión y a toda adversidad que aparezca en tu vida. Agradecer es una manera de soltar las opiniones y los prejuicios. Es darse cuenta de que no sabemos nada. Al decir «gracias» permitimos que una parte de nosotros, que es más sabia y tiene las soluciones, nos guíe por el camino perfecto. Eso sí, debemos decir «gracias» (mentalmente) sin apegos ni expectativas, manteniéndonos abiertos y flexibles.

¡Despierta!; haz uso de tu LIBRE albedrío, tu LIBRE criterio. Entiende el poder de tus pensamientos. Tú eres el creador y creas mediante tus pensamientos. Tus ideas son como imanes. Pregúntate qué estás atrayendo a tu vida ahora mismo y averiguarás lo que estás pensando. Entiende que tus pensamientos sobre el concepto de recesión y la manera en la que has decidido relacionarte con estos pensamientos controlan tu vida y tus elecciones. Es muy posible que tú mismo te estés provocando una recesión interior. Esa es la única recesión que existe. ¡No existe nada allí fuera! Solo existen los pensamientos que optamos por creer.

Este es TU MOMENTO, el momento de aprovechar oportunidades. Estas oportunidades están en todas partes, pero no las ves porque *eliges* prestar atención a las noticias. Has decidido comprar las malas noticias. Les has otorgado poder. Crees que los medios de comunicación saben lo que dicen, que te ayudan al mantenerte informado y alimentar tus temores. ¡Qué buena gente son y cómo ayudan a la comunidad! Lo cierto es que los medios de comunicación ganan dinero alimentando tus temores y tus dudas. Pero, por suerte, tú puedes liberarte de tus miedos y dudas ahora mismo. Tampoco compres ni te creas tus propias malas noticias e historias: «Es difícil», «No puedo», «No me lo merezco».

Cuando una puerta se cierra, significa que está por abrirse otra puerta más grande e importante. Permite que tu inspiración te abra esas puertas y te muestre *el camino más fácil* para atraer lo que sea perfecto y correcto para ti en los negocios. Este es el momento ideal para VOLVER A EMPEZAR. Cada desafío te da la oportunidad de comenzar de cero, de hacer algo diferente. Es el momento de ser más abierto, flexible y creativo. Tal vez sea la hora de crear tu propio producto o servicio, comenzar a creer en ti mismo y convertirte en un empresario. ¡Esta es la ocasión perfecta para que los pequeños empresarios piensen en grande!

La vida es un viaje interno. Si no te gustan los precios altos del combustible, el mercado de bienes raíces, el presidente o la recesión, ¡no te quedes esperando a los demás! Es hora de que TÚ aceptes el cien por cien de la responsabilidad y digas: «Lo siento. Por favor, perdóname por lo que sea que haya dentro de mí que ha creado esto». Comienza ahora a trabajar en ti mismo y cambiarás tu realidad sin depender de nadie ni de nada externo a ti. Tu historia puede marcar una diferencia en la vida de otros. Deja un comentario y cuéntanos qué estás haciendo para comenzar de nuevo en www.Hooponopono-Espanol.com/inspira-a-otros.

## QUE LA PASIÓN SEA TU BRÚJULA

Es hora de que abramos nuestras mentes y comencemos a darnos cuenta de que somos individuos únicos con talentos únicos. Reconocer estos talentos en nosotros mismos y en los demás nos ayudará a crear equipos felices, familias felices y comunidades felices, y definitivamente un planeta más feliz.

Si confiamos en nuestra pasión y la seguimos, el éxito está garantizado. Desafortunadamente, lo que sucede a menudo es que en lugar de dejarnos llevar por nuestra pasión nos sumimos en el miedo, que nos paraliza. Confiar en nuestra pasión es algo extraño; por lo tanto, nos resulta incierto. Es lo desconocido. ¿Cuántas veces te han dicho que tienes talento para algo y que deberías estar haciéndolo? A mí personalmente me dijeron que era buena para los números y que debería ser economista. Eso hice. Tardé mucho tiempo en darme cuenta de que ese no era el camino de mi corazón.

Siempre intentamos hacer aquello que nos da seguridad porque la incertidumbre nos provoca miedo. Así, terminamos haciendo cosas que no amamos en realidad y no entendemos por qué estamos desmotivados, o por qué no somos felices a pesar de estar ganando dinero.

¿Por qué algunas personas tienen más éxito que otras? Quizá algunas de ellas estén haciendo lo que aman, se estén dedicando a su pasión. Verás, las personas felices crean negocios felices, y a la gente le gusta hacer negocios con personas felices. La gente apasionada atrae clientes con facilidad. Cuando somos felices, estamos en paz, y si estamos en paz, todo lo que necesitamos nos llega.

Cuando sigues tu pasión, nada puede ir mal, porque sigues el camino de tu corazón. El corazón es sabio y espera pacientemente a que tú despiertes. Cuando haces aquello que amas, el dinero llega. Imagina la satisfacción de ganar dinero con algo que amas tanto que ni siquiera cobrarías por hacerlo. Cuando haces lo que amas, te dejas llevar por la corriente del universo en lugar de resistirte a ella. Recorres tu camino natural. Pero no te equivoques: dejarse llevar por la corriente de la energía no tiene nada que ver con pensar.

Cuando fluyes, no piensas. Te mueve la inspiración. Estás completamente presente, en cero, desprovisto de juicios, expectativas o preconceptos acerca de cómo deberían ser las cosas. Presta atención: la gente de éxito no trabaja por dinero. Estas personas aman y disfrutan lo que hacen. Generalmente no consideran que su actividad sea «un trabajo» y están dispuestas a hacer lo necesario para hacer lo que aman. Estas personas fluyen. Están inspiradas.

Cuando permites que la Divinidad te guíe, te encuentras en equilibrio. Obtienes ideas y relaciones perfectas en el momento preciso, porque parte del éxito es encontrar el equipo indicado que te respalde. Date cuenta de que no eres perfecto y de que tampoco es necesario que lo seas. Pero sí eres único. Fuiste creado para hacer algo mejor que cualquier otra persona. También es importante que sepas que otros pueden hacer cosas de las que tú no eres capaz. Por eso, cuando permitas que esas personas colaboren contigo usando su propio talento, esto mejorará el tuyo.

Déjame decirlo una vez más: las condiciones, relaciones e ideas indicadas aparecerán en tu vida cuando te des cuenta de que no sabes nada y aceptes que Dios sabe lo que es indicado y perfecto para ti. Tu pasión, entusiasmo, fe y humildad te mantendrán fluyendo con la vida. Esto funciona para todos. No importa si tienes un título universitario o no, si tienes dinero o no. Todos nacemos con esto. Solo necesitamos recordarlo.

Conócete a ti mismo. Descubre tu verdadera pasión y persíguela adondequiera que te lleve. Cuando te des cuenta de que has estado dormido, tomes conciencia de que te has bloqueado todo este tiempo con pensamientos tales como «no hay suficiente para todos», «no lo merezco» o «no soy lo suficientemente bueno» y te percates de que eres el creador, de que no hay nadie más fuera, fluirás automáticamente con el universo y tu programación negativa quedará inhabilitada. Así descubrirás que aunque las cosas no hayan cambiado en el «exterior» tú estás bien. Serás feliz. Estarás libre y en paz.

## EL DINERO: ¿ESTÁS DISPUESTO A HACER LO QUE SEA NECESARIO?

Si prestas atención y observas las actitudes de las personas que se quejan de no tener dinero, advertirás que, generalmente, no están dispuestas a hacer lo que es necesario para obtenerlo. Muchas veces tienen también una cierta actitud hacia el dinero y hacia la gente que lo posee.

Como no vemos el panorama completo, no estamos dispuestos a hacer aquello que no disfrutamos; por ejemplo, nos negamos a trabajar más horas o durante los fines de semana. Sin embargo, si entrevistamos a personas que han logrado alcanzar el éxito o tienen dinero, vemos que casi todas ellas se esforzaron de alguna forma para alcanzar sus objetivos.

Cuando somos capaces de ver el panorama completo, el trabajo duro no nos parece un «sacrificio», porque no lo juzgamos. Sencillamente tenemos claro hacia dónde estamos yendo. Además, cuando uno hace lo que ama, no lo llama trabajo o sacrificio.

A veces necesitamos hacer ciertas cosas que no nos son tan agradables para obtener los resultados que buscamos. Para hacer aquello que amas, con frecuencia es necesario realizar algunas tareas que no amas tanto, pero si mantienes la mira en el panorama completo, las amarás, porque te están llevando hacia donde quieres llegar.

Mucha gente tiene opiniones y juicios. Estas personas son las primeras en criticar a los demás. Creen saber exactamente lo que los demás deberían hacer y cómo. No están dispuestas a mirarse a sí mismas. No están dispuestas a ser más humildes. Sus rígidos puntos de vista no les permiten ver las oportunidades. Están «atrapadas» en su idea de la realidad.

Lo maravilloso del Ho'oponopono es que no necesitas ver el panorama completo porque esa parte de ti que sabe más sabe cuál es y está esperando que le des permiso para traerte las oportunidades correctas. Esta parte puede liberarte y permitirte ver las oportunidades que te esperan a cada paso.

Debes estar dispuesto a hacer la limpieza del Ho'oponopono con las oportunidades que se presenten en tu vida.

Permanece abierto. Suelta tus opiniones y prejuicios, y verás que se abrirán puertas donde menos lo esperabas.

No todos vinimos a acumular en esta vida. No miremos lo que tienen los demás. Dios siempre nos va a dar lo que es perfecto para nosotros, de acuerdo con nuestra misión y con lo que vinimos a aprender y a experimentar. Recuerda que nosotros no nos acordamos de esto; no sabemos lo que es.

Todos fuimos ricos y todos fuimos pobres, y en esta vida programamos ciertas experiencias que nos ayudarán a crecer y a corregir errores.

Un alumna que vino a un seminario mío en Israel me escribió un correo electrónico y me contó que después de salir de mi clase, y mientras iba camino hacia su casa, un pordiosero se le acercó y le pidió dinero. Ella le dio unas monedas. En ese momento, tuvo una visión; vio a esa persona en otra vida. Él estaba montado en un caballo; se notaba que era una persona de mucho dinero. Ella era la pordiosera que le pedía dinero, y él le tiraba unas monedas desde arriba del caballo.

Espero que esto te ayude a comprender un poco más y a reaccionar menos, que te permita aceptar que todo es perfecto, para que de ese modo dejes de mirar lo que tienen los demás o de verte como víctima o pensar que tienes mala suerte. Te aseguro que no has venido a sufrir. Puedes tener lo que necesitas cuando lo necesites.

Es muy importante soltar la creencia de que el dinero es malo. Considéralo tu mejor amigo, una herramienta que te puede permitir desarrollar tu misión, lo que has venido a hacer, lo cual seguramente es muy importante, porque solo tú puedes hacerlo.

Hemos malinterpretado los mensajes de Jesús. Por ejemplo, en las Escrituras la palabra «prosperidad» significa mucho más que la mera adquisición de bienes materiales. Emmet Fox nos dice que significa 'eficacia en la oración'. Obtener respuesta en la oración es la única prosperidad que vale la pena buscar, porque si alcanzamos tal respuesta, todas nuestras necesidades materiales serán satisfechas. Claro que ciertas cosas materiales son necesarias en este plano de existencia, pero esa riqueza es la que menos importancia tiene.

Ser *pobre de espíritu*, por ejemplo, no significa bajo ningún concepto lo que conocemos hoy como pobreza. Ser pobre de espíritu significa renunciar a esas ideas preconcebidas, modos de pensar, ideas y prejuicios e incluso nuestra actual manera de vivir si fuera necesario. Significa soltar todo aquello que pueda representar un obstáculo en la búsqueda de la verdad (Dios).

Eres rico: tienes tus hábitos de vida, tu preocupación sobre las opiniones de los demás, el temor al ridículo, los honores, tus distinciones, tus títulos. Estas son las riquezas a las que se refería Jesús y que te tienen encadenado. ¿Estás dispuesto a liberarte? Suelta todo esto y elige ser pobre de espíritu y muy eficaz en tu oración. Verás los resultados inmediatamente en lo material y en todos los aspectos de tu vida. Entonces comprenderás que no hay nada de qué preocuparse. Confiarás y permitirás que la Divinidad te guíe y proteja momento a momento. Como escribió Og Mandino: «El dinero, hijo mío, nunca debería ser tu meta en la vida. La verdadera riqueza es la del corazón, no la de tu bolsa».

Alguien me contó la siguiente historia: una mujer salió de su casa y vio a tres ancianos de barbas largas sentados frente a su jardín. Como no los conocía, les dijo:

—No creo conocerlos, pero tal vez tengan hambre. Por favor, entren en mi casa y coman algo.

Ellos preguntaron:

—¿Está el hombre de la casa?

—No —respondió ella—, no está.

—Entonces no podemos entrar —dijeron ellos.

Al atardecer, cuando llegó el marido, la mujer le contó lo sucedido y él dijo:

—¡Diles que he llegado e invítalos a pasar!

La mujer salió a invitar a los hombres a entrar en su casa.

—No podemos pasar los tres juntos —explicaron los ancianos.

—¿Por qué? —quiso saber ella. En ese momento, uno de los hombres señaló hacia los otros dos y dijo:

—Él se llama Riqueza y él, Éxito. Mi nombre es Amor. Entra y decide con tu marido a cuál de nosotros tres deseáis invitar.

La mujer entró en la casa y le repitió la historia a su marido. El hombre se puso feliz.

—¡Estupendo! Ya que son así las cosas, invitemos a Riqueza. Dejemos que entre y llene nuestro hogar de abundancia.

La esposa no estuvo de acuerdo:

—Querido, ¿por qué no invitamos a Éxito?

La hija del matrimonio, que estaba escuchando la conversación desde la otra punta de la casa, vino corriendo con una idea:

—¿No sería mejor invitar a Amor? Entonces nuestro hogar estaría lleno de amor.

—Hagámosle caso a nuestra hija —dijo el esposo a su mujer—. Ve e invita a Amor a que sea nuestro huésped.

La esposa salió e invitó a Amor a entrar. Amor se puso de pie y comenzó a caminar hacia la casa. Los otros dos ancianos se levantaron y lo siguieron. Sorprendida, la mujer les preguntó:

—Solo invité a Amor. ¿Por qué vienen ustedes también?

Los ancianos respondieron al unísono:

—Si hubieras invitado a Riqueza o Éxito, los otros dos habríamos permanecido fuera. Pero invitaste a Amor, y adonde sea que va Amor, nosotros vamos con él. Donde hay amor, hay riqueza y éxito.

El dinero no es malo; al contrario. Lo malo es darle prioridad. Cuando hacemos las cosas por dinero, todo parece difícil; viene y se va con rapidez y se nos escapa de las manos. Todos nacemos con ciertos talentos y dones naturales únicos; debemos encontrar aquello que amamos hacer, y hacerlo.

La abundancia y la prosperidad tienen que ver con nuestra conciencia. Cuando sabemos quiénes somos, sabemos que ya tenemos todo lo que necesitamos. En ese momento ya somos ricos. Al abrir nuestro corazón y confiar damos permiso para que todo se manifieste en nuestras vidas.

## FESTEJAR EL LOGRO

Muchas veces nos insultan y decidimos reaccionar, culpar o defendernos. Otras veces nos elogian y enseguida nos justificamos, diciendo que no fue nada o que hay otros que pueden hacerlo mejor. No importa si es un insulto o un halago, siempre elegimos si lo aceptamos o no.

¿Por qué será que nos es más fácil celebrar los logros de otros que los nuestros? No sabemos reconocer nuestros propios aciertos. Fíjate en la energía y el entusiasmo que ponemos en los mundiales de fútbol: nos olvidamos de todos los problemas y de todas las preocupaciones y festejamos a todo dar.

Debemos tratar de poner el mismo tipo de energía y entusiasmo en nuestras actividades cotidianas, celebrar cada logro diario, por más insignificante que parezca, de la misma manera que celebramos cada gol de nuestro equipo favorito. Es importante que nos demos cuenta de que cada día es un regalo y cada momento algo precioso. Aun cuando las cosas no se den como nosotros esperamos, cada momento es una oportunidad colmada de infinitas posibilidades. Solo es necesario abrirse para recibirlas.

El éxito no es un punto de destino. Es un proceso, el camino que vamos recorriendo, cada paso que vamos dando. Cuando vemos a uno de nuestros jugadores de fútbol y pensamos en la suerte que tuvo al llegar allí, no somos conscientes del trabajo, la concentración y los sacrificios que hay detrás de su realidad. Por eso es muy importante que nos concentremos en lo que queremos lograr, pero, aún mejor, que nos demos cuenta de quiénes somos, de nuestros talentos. Debemos reconocer nuestras posibilidades. Todo depende de nosotros y de las decisiones que tomamos. Lo peor que podemos hacer es preocuparnos, angustiarnos, reaccionar, porque eso implica la pérdida de una energía preciosa y no nos deja fluir.

Si queremos meter muchos goles en nuestra vida y hacerlo de una manera fácil, debemos aceptar que todo es una bendición. Debemos concentrarnos y no dejarnos distraer por las críticas, ni siquiera las que nos hacemos a nosotros mismos. Debemos poner nuestro esfuerzo y toda nuestra atención en lo positivo que nos da la vida. Siempre hay razones para estar agradecidos.

Muchas veces los jugadores nos dicen que no pueden explicar cómo realizaron una jugada, cómo fue que metieron ese gol. Dicen que fue como un milagro. ¿No es eso un poco lo que queremos en nuestra vida? ¿No es maravilloso no poder explicar cómo se nos dan las cosas o cómo se nos solucionan los asuntos?

Vivamos y celebremos cada momento de nuestra vida, porque cada instante es un regalo y un triunfo. El pasado es historia, el futuro no existe y el hoy es un regalo; por eso lo llamamos presente. ¡Aceptémoslo, celebremos y digamos «gracias» incluso a las dificultades!

## EL TIEMPO
### *Tu mejor inversión*

Ahora más que nunca, es el momento de soltar y limpiar. La vida moderna se está acelerando cada vez más. No me extraña que sintamos que no tenemos suficiente tiempo para todo lo que queremos lograr. El momento presente es lo único de lo que disponemos y no tenemos tiempo que perder. Tenemos mucho que limpiar y necesitamos toda la ayuda que podamos obtener.

Es tiempo de estar en el presente y de dejar de lamentarnos por el pasado o preocuparnos por el futuro. Es hora de redescubrir quiénes somos realmente (nuestros talentos, nuestras pasiones) y hacer lo que amamos sin preocuparnos y confiando en que el dinero vendrá.

Cuando invertimos nuestro tiempo en hacer la limpieza del Ho'oponopono, en soltar en vez de engancharnos, definitivamente experimentamos el tiempo de una forma diferente. La limpieza es la mejor inversión que podemos hacer.

El tiempo y el espacio son en realidad una ilusión. Nosotros creamos este mundo de ilusión. Establecimos las reglas pero luego vinimos aquí y lo olvidamos todo. Como ves, nos olvidamos de que vinimos a limpiar, a borrar y a corregir errores. En vez de eso aprendimos a engancharnos y a reaccionar. Desperdiciamos nuestro precioso tiempo.

Por eso es tan difícil para nosotros entender que todo es perfecto, que la ley de causa y efecto realmente funciona, que cosechamos lo que sembramos y que todo regresa a nosotros, lo bueno y lo malo. Debido a que estamos atrapados en una ilusión no entendemos por qué nos suceden las cosas. Pero todo es consecuencia de algo que hicimos en el pasado, y la mayoría de las veces se trata de algo relacionado con vidas pasadas.

Nuestra mente consciente experimenta el tiempo, mientras que nuestro subconsciente no. Carl Jung advirtió que los sueños suceden fuera del tiempo. En ellos no existen ni el pasado, ni el presente, ni el futuro. Cuando funcionamos desde nuestro subconsciente, el tiempo parece desaparecer. Cuando hacemos lo que amamos, nos dejamos llevar por el fluir del universo (estamos en cero) y experimentamos el tiempo de una forma diferente. A veces percibimos que pasa más deprisa y a veces más despacio. Parece que el tiempo es relativo y depende de nuestra percepción.

El tiempo es muy importante, mucho más que el dinero. Según cómo lo invirtamos, atraeremos o no la abundancia. Cuando nos quejamos y culpamos a los demás o a circunstancias externas, no estamos invirtiendo bien nuestro tiempo. Realizar la limpieza del Ho'oponopono es invertir bien nuestro tiempo. Es ser proactivo, aunque nuestro intelecto nos diga que no lo es. Cuando limpiamos, el dinero y todo lo que necesitamos viene hacia nosotros sin esfuerzo.

Es tiempo de dejar de pensar y analizarlo todo. No hay nada que necesites saber o entender. Es tiempo de volver a ser niños nuevamente, de dejar de preocuparnos y de tomarnos las cosas tan seriamente.

Este es nuestro tiempo, un tiempo de cambios. No te resistas; la única posibilidad de superar este momento es abrir tu mente, porque lo que funcionaba antes ya no funciona y no funcionará más. No te sigas dando contra la pared tratando de tener razón y hacerlo a tu manera. Es mucho mejor ser feliz que tener razón.

¡Y aunque creas que las cosas van de mal en peor, no olvides que la parte más oscura de la noche es justo antes del amanecer!

Ahora podemos borrar aquello para lo que habríamos necesitado muchas vidas. Solamente suelta y confía. Verás que el tiempo es perfecto y valdrá la pena.

## El tiempo real: experiencias con el jet lag

Puesto que el tiempo no parece ser absoluto, sino relativo, Dios y tu subconsciente pueden ayudarte con él si se lo pides. Mis experiencias con el *jet lag* constituyen ejemplos muy significativos de la maleabilidad del tiempo.

Mi maestro, el doctor Ihaleakalá Hew Len, me solía decir que incluso puedes sentir *jet lag* en tu propia casa cuando te diriges de un cuarto a otro. Aparentemente no tenemos que salir de nuestra vivienda para sentirlo. El *jet lag* se produce cuando todas nuestras partes (mentes supraconsciente, consciente y subconsciente) no llegan en el mismo momento al mismo lugar.

Por ejemplo, si viajo a Europa y me olvido de decirle a mi niño interior (mi subconsciente) que nos estamos yendo, cuando llego mi niño se quedó viendo la televisión en Los Ángeles. De esa forma, me siento mareada; siento que no soy yo misma.

Durante todos estos años Dios me ha dado muchas oportunidades de probar cómo funciona el Ho'oponopono con el *jet lag*, pero las experiencias que tuve durante un mes en concreto fueron más que increíbles. Realmente me tomé el tiempo necesario para hablar con mi niño interior y con Dios y pedirles a ambos ayuda extra. Le dije a Dios: «Si quieres que realice esto, está bien, pero necesito tu ayuda». Y le dije a mi niño interior: «Dependo de tu ayuda. ¡No podré hacerlo todo sola!». También practiqué un tipo especial de respiración que tenemos en Ho'oponopono que, realizada una vez cada hora, te ayuda a llegar entero al lugar adonde vas.

Gracias a esto me fue posible presentar muchas conferencias y talleres (incluso una videoconferencia y un evento de negocios privado) en Venezuela, Argentina, República Checa y Guatemala ¡en solo cinco semanas!

A decir verdad, limpié como una loca, porque mi intelecto me aseguraba que lo iba a pasar muy mal. Me decía que mi calendario de trabajo era imposible, especialmente durante las dos últimas semanas (Venezuela-Los Ángeles-Praga-Los Ángeles-Guatemala-Los Ángeles en doce días). Pero, para mi sorpresa, llegué a Praga (que está nueve horas más adelantada que Los Ángeles) sintiéndome fresca y adaptada al cambio horario de inmediato; me sentí estupendamente todo el tiempo.

Ahora pienso que fue una buena experiencia más allá del *jet lag*. Creo que Dios quería que experimentase el *tiempo real*, que experimentase algo que nos es fácil decir pero difícil asumir: que el tiempo como lo conocemos no existe, que es una ilusión. El tiempo podría ser otro de los engaños de nuestro intelecto, quizá otra de las historias de nuestro hemisferio izquierdo. ¿¡Quién sabe!? Cualquiera que sea el caso, ¡estoy agradecida a Dios y a mi *unihipili* (niño interior) por su ayuda! No tengo dudas de que no podría haberlo logrado sin ellos (sin todas las partes que me componen).

Como siempre, he comprobado que cuando yo hago mi parte, que es soltar y pedir ayuda, ellos hacen la suya. Todo comienza conmigo.

## LA IMPORTANCIA DE DAR
### Dar para recibir

Si sentimos que el mundo nos debe algo o que somos la única persona buena y honesta sobre la Tierra, que todos los demás se aprovechan de nosotros y seguimos sintiéndonos víctimas, todas las puertas continuarán cerrándose.

Si damos a los demás esperando algo a cambio o haciendo que los destinatarios de nuestra «generosidad» se sientan culpables y en deuda con nosotros, es mejor no dar. Nunca podremos obtener el amor, la aceptación y el respeto que buscamos si actuamos de esta forma. Todo esto no está a la venta. Nos lo debemos ganar.

Deja ir tus expectativas en cuanto a los demás y comienza a trabajar en ti mismo y en lo que quieres ser. La gente no te escucha: te observa. Por lo tanto, obtendrás mucho más con el ejemplo.

Te puede parecer que la vida es injusta. Puedes pensar que la gente te debe a ti. Puedes ver a los demás como desagradecidos y equivocados. Todas estas creencias te mantienen en un estado de resentimiento y sumergido en sentimientos de soberbia.

Cuando damos lo mejor de nosotros sin esperar nada a cambio, nos sentimos en paz con nosotros mismos y con el universo. Por otro lado, cuando recibimos sin esfuerzo, sin dar lo mejor de nosotros, algo en nuestro interior sabe que no nos lo ganamos y que no lo merecemos y nos boicoteamos perdiéndolo o estropeándolo. Necesitamos sentirnos capaces y merecedores para tener un sentido de logro. Por esta razón usualmente no apreciamos lo que es gratuito.

Los beneficios reales resultan del dar verdadero, que es incondicional y proviene del puro deseo de ser lo mejor que podamos ser. Debemos dar para recibir. No hay otra opción. Puede ser dinero o esfuerzo físico, emocional o espiritual, pero siempre debemos dar algo para recibir. Todo lo que damos regresa multiplicado.

Para poder sentir que has ganado algo, debes salirte de tu zona de confort, emprender la acción y estar dispuesto a pagar para poder recibir y conservarlo. Tiene que existir algún tipo de intercambio. Debes demostrar que aprecias y valoras lo que estás buscando. Debes estar dispuesto a invertir y confiar.

Expándete y sal de tu zona de confort. Da lo mejor de ti, sin expectativas. Suelta el pasado, tus lamentos, tu enojo y prepárate para recibir todos los regalos que el universo tiene reservados para ti.

## Cadena de favores

¿Has oído hablar acerca de lo que sucedió una Navidad en las tiendas K-mart? Alguien pagó la deuda de un desconocido y cuando esa persona se enteró, además de sentirse sorprendida, feliz y agradecida, decidió pagar la cuenta de otra persona. Esto provocó una reacción en cadena, un efecto dominó. La gente empezó a pagarle algo a alguien a quien no conocía.

Bien, ese año yo también quise hacer algo diferente. Sentí que quería dar anónima y definitivamente sin esperar nada a cambio. Quería sorprender y de algún modo hacer feliz a algunas personas.

Cuando volví a Los Ángeles y finalmente pude ir a K-mart, ya era demasiado tarde para pagar la cuenta de alguien, porque el plazo ya había acabado y la gente había recogido y pagado los regalos para esa Navidad. El gerente me sugirió que comprara algunas tarjetas prepagadas y se las regalara a distintas personas, y así lo hice.

Le comenté lo que iba a hacer a mi amiga Olga, que vive en Suiza, y me dijo:

—Por favor, compra algunas de mi parte. ¡Me encanta la idea!

¡Dar es contagioso!

El gerente me dijo que él podía regalar las tarjetas, pero yo decidí pedirle a Dios que me inspirase para saber a quiénes dárselas en el local.

La experiencia fue muy positiva. Algunos miraban la tarjeta con cierta desconfianza; no estaban seguros de que fueran de verdad. Otros dieron las gracias, pero no demasiado convencidos. Y otros se mostraron muy agradecidos. Estoy segura de que todos se sintieron sorprendidos, ¡especialmente cuando fueron a pagar y descubrieron que las tarjetas funcionaban! Y algo más: estoy segura de que tuvieron una historia para contarles a sus amigos y familiares, un cuento sobre cómo una extraña apareció de la nada y sin ningún motivo les obsequió con una tarjeta prepagada con veinticinco dólares de regalo.

Denise, miembro de nuestro foro sagrado de Ho'oponopono, compartió esto con nosotros en mi última clase mensual de preguntas y respuestas sobre esta enseñanza cuando se enteró de mi experiencia:

Yo tuve una inspiración similar hace un par de meses cuando almorzaba con mi familia. Les sugerí que en vez de darnos regalos juntáramos el dinero que gastaríamos y lo donáramos a aquellos que realmente lo necesitaban. Y eso hicimos. Tenía un par de catálogos de Navidad que había traído, y todos los miramos y opinamos en qué y adónde iría el dinero. Fue una armoniosa y maravillosa Navidad para todos nosotros.

Y yo te pregunto: ¿estarías dispuesto a hacer algo fuera de lo común, algo inesperado? ¿Estarías dispuesto a dar algo al azar, incondicionalmente, sin esperar nada a cambio? ¿Qué te parecería regalarle algo a un extraño?

Imagina cómo cambiarían las cosas si cada uno de nosotros le ofreciera al mundo un solo acto de bondad y generosidad y que tal acto se esparciera como sucedió en K-mart. ¡El dar se multiplicaría exponencialmente! Incluso si el resultado no fuera tan rápido, cambiaríamos el mundo con nuestro regalo.

Además, como bien sabemos, si limpiamos, el destinatario de nuestro regalo no será «casual». También esta podría ser una oportunidad para reparar y corregir.

La generosidad no solo cambia la realidad para bien de formas inesperadas para el dador, sino que también bendice a este con el regalo de la gratitud. Así es: uno comienza a recibir en el momento en que comienza a dar.

Recuerda: el amor que damos es el amor que recibimos. El mundo es, de hecho, lo que hacemos de él cada día, con nuestros pensamientos, palabras y acciones.

Ho'oponopono es asumir la responsabilidad de la realidad que creamos. Todo vuelve. Nada es una coincidencia.

## El mejor regalo de Navidad

La temporada navideña es una época en la que solemos abrumarnos con las compras, la parte económica y las fiestas. También nos afectan la soledad y la nostalgia por quienes ya no están. Nos sentimos solos. Extrañamos a nuestras familias y nuestros lugares de origen. Por eso es muy importante recordar que nunca estamos solos, y que la distancia y la soledad existen solo en nuestros pensamientos. Nosotros siempre elegimos lo que sentimos. Somos los únicos que podemos parar esto y decidir sentirnos bien.

¿Qué más podemos hacer para disfrutar de las fiestas de fin de año?

Lo primero que debemos hacer es quedarnos quietos y en silencio por un momento y pensar... ¿de dónde viene toda esta presión? En realidad la hemos creado nosotros mismos. No importa si lo hacemos por considerarlo una obligación familiar, un requisito social o para satisfacer nuestro propio ego. Solo nosotros podemos controlar la situación. Pensemos: ¿cuál es el significado real de esta época del año? Es el nacimiento de algo nuevo. Puede ser que tengamos una revelación interna espiritual o emocional. Este es, por tanto, un momento de introspección. El nacimiento de nuestra conciencia depende de cada uno de nosotros.

Cada temporada de fiestas nos da la oportunidad de mirar hacia atrás y agradecer todo lo que nos ha ocurrido durante el año. Es totalmente irrelevante que lo que ha ocurrido haya sido positivo o negativo. Todo sucede por alguna razón, y este es el momento de ver las bendiciones que nos trajo ese año.

Sé que para algunos será difícil porque tal vez no tengan trabajo, hayan perdido a alguien muy querido o sufran problemas de salud, pero lo cierto es que todos crecemos gracias a nuestras experiencias. Lo importante es reconocer que estamos vivos, respirando y disfrutando, al menos de algunos aspectos de la vida. Es esencial agradecer lo que sí se tiene. Esta gratitud será el catalizador y atraerá bendiciones todavía mayores durante el año siguiente.

Además, no olvidemos que dar es un trabajo interno y no un acto externo. Los regalos son solo una fachada. El regalo verdadero está en el corazón. Dar con verdadero amor es la esencia del auténtico presente. El verdadero obsequio se entrega incondicionalmente, sin esperar nada a cambio. Ese es el secreto. Hay miles de regalos creativos, baratos y cariñosos que podemos darles a nuestros familiares. Permitamos que el amor que anida en nuestros corazones se transmita a través de estos regalos. Este amor es lo único que será apreciado y atesorado. Recuerda: esta es la época de dar AMOR.

# 9

## LA CAUSA DE LA PAZ

### LA PAZ COMIENZA CONMIGO

La paz mundial es el respeto y la aceptación de nuestras diferencias. Es la libertad de pensar y percibir las cosas de distintas maneras, sin límites.

Estas son verdades fundamentales. Es importante asumir la propia responsabilidad y dejar de culpar a alguien o a algo de los desafíos y situaciones que se dan en nuestra vida, ¡y esto nos incluye a nosotros mismos!

Del mismo modo, cuando practicamos la aceptación y nos abstenemos de tratar de imponer nuestro punto de vista, cuando aceptamos a las personas, situaciones, circunstancias y eventos tal como son, podemos estar en paz sin importar lo que esté sucediendo a nuestro alrededor. Si soltamos la necesidad de tener razón, de defendernos, de tener la última palabra y de convencer a otros de nuestros puntos de vista, podremos encontrar la paz más allá del entendimiento.

Todos podemos estar en paz sin importar lo que esté pasando a nuestro alrededor, porque de todos modos todo ello no tiene realmente nada que ver con lo que está sucediendo en este momento.

¿Qué alimenta a la guerra? Las guerras se alimentan de creencias, juicios, opiniones y memorias. Nuestros conflictos son solo memorias repitiéndose y muchas de esas memorias provienen de nuestros ancestros. Cada uno de nosotros debe decidir encender la luz en vez de reaccionar, engancharse y repetir para poder poner fin a los continuos conflictos y guerras. Debemos encender la luz y ponernos a nosotros primero (la era del sacrificio terminó), pero una vez que la encendamos para nosotros también se encenderá para nuestras familias, parientes y ancestros. Se enciende para todos, porque la luz no discrimina.

Encender la luz es uno de los procesos de limpieza del Ho'oponopono. Esta herramienta consiste en lo siguiente: mentalmente imagina que le das a un interruptor de la luz y que se ilumina una habitación. Así estamos encendiendo la luz para nosotros y para todos.

Además es particularmente interesante, en aras de la paz, efectuar el proceso de limpieza de la flor de lis (ver más adelante).

La verdad es que solo a través de nuestra propia transformación personal cambiaremos el mundo, y te puedo asegurar con toda certeza que el Ho'oponopono es *el camino más fácil*.

Todavía estamos tratando de resolver y detener la guerra utilizando los mismos programas que la originaron. Cuando soltemos y borremos nuestros viejos programas y los de nuestros ancestros, el resultado será la verdadera libertad. Nosotros, las personas que habitamos este planeta, debemos tener paz interior para que el mundo a nuestro alrededor esté en paz.

Encontrar la paz interior para difundir la paz mundial es el único camino. Creo en un mundo consciente donde todas las cosas son posibles. Si tú crees en lo que yo creo, ayúdame a difundir la conciencia y la paz en el mundo. Es tiempo de unirnos a escala global para *crear paz interior y difundir la paz*. Para ello he creado la iniciativa Paz Interior ES Paz Mundial. Visita www.pazinteriorESpazmundial.com, conoce la iniciativa y únete a nosotros.

Muchas cosas hermosas me han sucedido gracias a mi iniciativa Paz Interior ES Paz Mundial. Quiero compartirlo contigo y también recordártelo tan a menudo como sea posible, porque es verdad que ¡la paz comienza CONMIGO!

En septiembre de 2012 tuve el honor de recibir la prestigiosa Bandera de la Paz de Mil Milenios de Paz en Argentina, en honor a esta iniciativa. Con esta bandera se me otorgaba reconocimiento oficial como una de las embajadoras de la paz en el mundo.

Otro momento especial para mí fue en 2011, cuando di una conferencia en las Naciones Unidas. Ese fue el lanzamiento oficial de la campaña Paz Interior ES Paz Mundial. Aquí presenté el símbolo de la flor de lis como una herramienta fácil para acceder a la paz interior.

Desde el 17 hasta el 27 de diciembre de 2012 llevé a cabo una gira de paz en Israel. Pasamos la Navidad en Belén y celebramos el nacimiento de la nueva era (22 de diciembre de 2012) en Jerusalén. También fue una oportunidad de soltar el pasado y borrar memorias muy antiguas el último día de la Era de Piscis (el 21 de diciembre de 2012), con un seminario de limpieza de Ho'oponopono, que fue una oportunidad de conectar con lo que es perfecto, en el lugar correcto, en el momento perfecto y con la gente adecuada. Fue un viaje mágico en un momento especial en los tiempos que estamos viviendo, el comienzo de la nueva era.

La paz mundial se ha convertido en mi pasión porque sé con todo mi corazón que el Ho'oponopono puede contribuir a traerla. Creo que para poder obtener paz mundial en un mundo donde existe violencia y odio, primero debemos lograr la paz interior. Por ello nuestro lema es «La paz comienza CONMIGO». Si yo estoy en paz, el mundo a mi alrededor estará en paz. No es al revés.

«La paz comienza conmigo» quiere decir: «Lo siento por aquello que está en mí que creó esto. Asumo el cien por cien de la responsabilidad. Esto no me hace culpable o pecador. Debo saber que lo que sea que experimente son solo mis programas, mis memorias que están funcionando dentro de mí».

Necesitamos trabajar juntos para liberarnos de la esclavitud de nuestras creencias, opiniones y juicios, predicar con el ejemplo para lograr que los demás hagan lo mismo y así poder crear juntos una pandemia de AMOR y PAZ. Sí, así es; la paz es contagiosa y podemos comenzar a esparcirla AHORA. Recuerda: ¡la paz puede curar cualquier cosa!

## LA FLOR DE LIS NOS AYUDA A LIBERARNOS

Durante mi primer viaje a Israel, siempre veía el símbolo de la flor de lis sobre la espuma de los capuchinos que me traían. Aunque esto me impresionaba, le di poca importancia, hasta mi segundo viaje por esas tierras.

Un día estaba almorzando sola en la playa de Tel Aviv cuando el camarero me trajo un capuchino, y ahí lo vi con total claridad. Se me puso la piel de gallina y me pregunté: «¿Esta es una herramienta de limpieza?». En cuanto hice esa pregunta, la sensación se volvió aún más fuerte. Sentí muchos escalofríos en todo el cuerpo. Comencé a preguntarme si sería para compartirla con las demás personas ¡y los escalofríos aumentaron!

Estas sensaciones no son muy comunes en mí. Soy una típica argentina, judía, contadora y virginiana. Siempre intelectualizo. Debido a todo esto, me paso la vida trabajando con mi intelecto. Pero, en este caso, ¡estaba segura de que el universo intentaba decirme algo importante!

No había ninguna duda en mi corazón de que se trataba de una herramienta de limpieza, pero decidí confirmarlo con Ihaleakalá. En otros momentos había obtenido mis propias herramientas de limpieza a través de la inspiración, pero sabía que esta era diferente y especial.

Cuando le pregunté a Ihaleakalá, esta fue su respuesta:

La flor de lis es un proceso de limpieza que libera las memorias de los derramamientos de sangre de la guerra constante y la esclavitud de ideas, lugares, situaciones y creencias que, a su vez, causan guerra constante. La forma de usarla es repitiendo mentalmente: «Yo pongo la flor de lis sobre la situación».

La Paz del Yo,

Ihhl

Más tarde, ese mismo día, Ihaleakalá me envió otro correo electrónico que decía: «¡Nuestras mentes están en guerra constante con nosotros mismos!».

Y así es. Creo que las peores guerras son las que se encuentran dentro de nuestra cabeza. Nuestros pensamientos, creencias, opiniones y juicios de valor pueden ser nuestros peores enemigos. Lo vemos todo a través del filtro de nuestras propias percepciones y así decidimos qué está bien o mal.

Por eso, los días en que te sientes feliz parece que el sol brilla más, la gente te trata con mayor amabilidad y todo te sale bien. Si tú estás bien, todos estarán bien, porque la paz comienza siempre contigo.

No debemos dejar que el intelecto nos convenza de que es más fácil sufrir y preocuparse que repetir mentalmente: «Yo pongo la flor de lis sobre la situación».

Todos precisamos que nos lo recuerden y, como dice Ihaleakalá, «¡necesitamos toda la ayuda que podamos conseguir!». El prendedor flor de lis es como un vórtice donde los problemas se transmutan. La gente ha informado de milagros. También nos dicen que usan la etiqueta autoadhesiva de la flor de lis en fotos, teléfonos móviles, carpetas, computadoras, automóviles, etcétera.

Así pues, puedes utilizar la flor de lis para acordarte de hacer la limpieza y para que te apoye con ella, pues la hará veinticuatro horas al día por ti; siempre estará buscando memorias, así como el programa antivirus de tu computadora está siempre buscando virus que puedan atacarlo. Otra opción es ponerla en tu página web para que te ayude a ti y a otros con la limpieza.

Cuanto más soltamos y damos permiso a Dios, mejor es para todos nosotros, y cuanta más gente esté limpiando, mejor para todos nosotros también. Todos nos beneficiamos. ¡Lo que se borre de ellos se borrará de nosotros!

El amor es contagioso..., así que ayúdame a contagiar este virus por todo el mundo. Por favor, ¡visita nuestra página web www.pazinteriorESpazmundial.com, suscríbete para ser parte de la comunidad, aprende más sobre la flor de lis y fíjate en cómo puedes compartirla con el mundo entero!

¡Disfruta de la paz más allá del entendimiento!

## CAMPAÑA POR LA PAZ EN VIENA

La noche anterior a mi partida de Los Ángeles para lanzar mi campaña por la paz mundial en Viena cené con mi hijo Lyonel, quien me recordó la siguiente historia y me dijo que debía contarla en el evento:

### YO QUERÍA CAMBIAR EL MUNDO

Cuando era joven, quería cambiar el mundo.

Encontré difícil cambiar el mundo; entonces intenté cambiar mi nación.

Cuando descubrí que no podía cambiar la nación, comencé a concentrarme en mi ciudad. No pude cambiar mi ciudad y, de adulto, intenté cambiar a mi familia.

Ahora, en la vejez, me doy cuenta de que lo único que puedo cambiar es a mí mismo. Y de pronto soy consciente de que, si hace tiempo hubiera cambiado yo, podría haber tenido un efecto en mi familia. Mi familia y yo podríamos haber tenido un efecto en nuestra ciudad. Su impacto podría haber cambiado la nación y, así, yo habría podido en verdad cambiar el mundo.

UN MONJE DESCONOCIDO, año 1100

Mi hijo tenía razón, y cuando llegué a Viena eso hice. Cuando estaba en las Naciones Unidas compartiendo mi visión de la paz mundial y mis creencias, me sentí como ese monje que quería cambiar el mundo y dije:

—Gracias, Dios, que me desperté para hacer esto.

Ahora más que nunca creo que la paz en el mundo es posible. La gente que participó estaba emocionada. Querían registrarse, participar de todas las maneras posibles. Me preguntaron qué podían hacer para ayudar. ¿Cuál es el próximo paso? Como dijo Ana Teresa Dengo, embajadora de Costa Rica en Viena y patrocinadora de mi evento allí, «todos estamos en posiciones donde en verdad podemos marcar una diferencia y donde la paz es un tema constante».

Sé lo que estás pensando: «¿Qué puedo hacer yo?». Tal vez sientas que eres muy pequeño o que no puedes cambiar las cosas, pero te equivocas. Tú eres más grande de lo que te imaginas y puedes marcar una GRAN diferencia. Estás aquí para hacer algo muy importante y es hora de que despiertes.

Es responsabilidad de todos nosotros despertar a otros y mostrarles nuestro propio ejemplo. ¡Visita DIFUNDE LA PAZ MUNDIAL (www.pazinteriorESpazmundial.com/difunde-paz-mundial) y emprende la acción! También he creado algunos productos para mantenernos conscientes y despiertos (los encontrarás en el enlace que acabo de mencionar); así podemos practicar y experimentar paz durante períodos de tiempo más prolongados. Además, estos productos te ayudarán a soltar las veinticuatro horas del día.

Este es un poema que mi hijo Lyonel también compartió conmigo. ¿Tal vez la Madre Teresa te convenza del poder que tienes para cambiar y sanar?

**DE CUALQUIER MANERA**
Las personas son irrazonables, ilógicas y egoístas.
Ámalas de cualquier manera.
Si haces el bien, la gente te acusará
de tener motivos egoístas ulteriores.
Hazlo de cualquier manera.
Si tienes éxito, ganarás amigos falsos y enemigos verdaderos.
Logra el éxito de cualquier manera.
El bien que hagas será olvidado mañana.
Hazlo de cualquier manera.
La honestidad y la franqueza te harán vulnerable.
Sé honesto y franco de cualquier manera.
Lo que pasaste años construyendo
puede ser destruido en una noche.
Construye de cualquier manera.
Las personas necesitan ayuda
pero pueden atacarte si las ayudas.
Ayuda a las personas de cualquier manera.
Da al mundo lo mejor que tienes y te patearán los dientes.
Da al mundo lo mejor que tienes de cualquier manera.

MADRE TERESA

Sé que en tu corazón sabes que esto es posible y quieres unirte también a la causa de la paz. Puedes hacer mucho más de lo que crees. Recuerda siempre que la paz interior ES paz mundial.

## HO'OPONOPONO, EL CORÁN Y LA BIBLIA

¡Qué increíble experiencia de aprendizaje tuve durante mi seminario en Bristol (Reino Unido)! La persona que lo organizó era un hombre corpulento, musulmán, de Ghana. Me recogió en el aeropuerto y, camino al hotel, me quedé sorprendida cuando me preguntó:

—Tú eres cristiana, ¿no?

Por supuesto, mi respuesta fue:

—No. Soy judía.

Luego mencionó que muchos de sus amigos musulmanes iban a asistir al seminario. Acordamos encontrarnos más tarde y hablar sobre qué podía decir sin ofender a nadie y qué debería evitar. Estaba un poco nerviosa con eso, porque siempre soy yo misma en los seminarios. No me preparo, soy espontánea y digo lo que me envía la inspiración. Lo peor que puedo hacer es preparar por adelantado mis clases. Es muy importante para mí fluir y dejarme llevar por la inspiración, sin tener ningún tipo de restricciones.

Cuando nos encontramos aquella tarde y decidíamos qué decir y qué no, en un punto de la conversación le confesé:

—¡Quiero que sepas que voy a decir lo que Dios quiera que diga!

Bien, durante el seminario, y para mi sorpresa, los musulmanes se mostraron abiertos, flexibles, amables y felices de escuchar lo que tenía que decir. Mi única dificultad fue una mujer de religión cristiana que desafiaba todo lo que decía y me cuestionaba sobre el origen de mi información.

Pero por suerte, a medida que el entrenamiento (la limpieza) avanzó, también lo hizo la actitud de esta mujer hacia mí y la información. Comenzó a encontrar correlaciones entre lo que yo decía y las Escrituras. Comparaba y compartía con nosotros cómo mis enseñanzas eran las mismas que las de las Escrituras. Las recitaba, ya que se las sabía de memoria, y nos hacía conscientes de cómo lo que yo decía coincidía con lo que estaba escrito. Los musulmanes entonces empezaron a compartir el Corán con nosotros y a señalar que todo eso también estaba en su libro sagrado.

La clase finalizó de una forma muy divertida. Nos reíamos de las coincidencias entre el Ho'oponopono, el Corán y la Biblia. Lo pasamos muy bien descubriendo cómo los principios fundamentales de las religiones en realidad dicen todos lo mismo.

A través de mis viajes sigo encontrando y confirmando que TODOS SOMOS UNA GRAN FAMILIA. ¡Necesitamos hacer más limpieza, mantener nuestras bocas cerradas y ESCUCHAR! ¡Estamos todos diciendo lo mismo, quizá con distintas palabras!

En Chile viví una experiencia similar que jamás olvidaré. Hace un par de años me encontraba allí enseñando Ho'oponopono. El seminario duraba todo el sábado y medio día del domingo.

En el primer descanso del sábado por la mañana, un hombre palestino vino hacia mí y me dijo que no estaba de acuerdo con nada de lo que acababa de compartir. También me confesó que, en realidad, no quería venir a la clase porque cuando leyó mi apellido judío pensó: «¿Qué tiene ella que enseñarme a mí?». Continuó diciéndome todo lo que él creía y, cuando finalizó, para su sorpresa le indiqué que estaba de acuerdo con todo lo que me había dicho.

Le pedí que fuera abierto y flexible porque pensaba que estábamos hablando de lo mismo pero quizá lo llamábamos con nombres diferentes. Aceptó y decidió quedarse.

A la mañana siguiente compartió la más apasionante historia con la clase sobre un serio problema que había tenido con la policía, ocurrido la noche anterior. Durante el incidente, utilizó una de las herramientas que le había dado yo el sábado y obtuvo resultados increíbles. Quedó asombrado al ver cómo se resolvieron las cosas de manera milagrosa.

Al finalizar la clase, me dio un gran abrazo y exclamó:

—¡Esto es la paz en Oriente Medio!

¡Qué maravilloso es descubrir que la verdad es solo una y que todos estamos buscando la misma verdad! Exteriormente nos vemos diferentes, pero todos somos parte de la misma familia y todos venimos del mismo Padre.

## LA MUJER Y LA PAZ
*Objetivo: la paz duradera*

Es hora de que las mujeres despertemos, descubramos quiénes somos y recobremos nuestro poder.

Las guerras comienzan en las mentes de los hombres. Las mujeres debemos empezar a concentrarnos en el futuro que queremos crear y en cómo podemos utilizar nuestro poder para crear una paz sostenible.

Definitivamente tenemos que confiar más en nuestra forma de ver las cosas, nuestra percepción, nuestra creatividad y ese sexto sentido que poseemos. Muchas veces sabemos, tenemos soluciones, pero no las compartimos porque no podemos explicarlas o creemos que son ilógicas.

Las mujeres podemos ver cosas que tal vez los hombres son incapaces de ver. Carecemos de esa energía dura masculina. Generalmente, tenemos un modo de actuar mucho más suave y persistente. Nuestra energía es más sutil y tiende a considerar el todo en lugar de las partes, y la sostenibilidad del resultado deseado en lugar del éxito puntual e inmediato. Esto no quiere decir que los hombres no puedan emplear su poder suavemente, pero queda claro que, aun cuando las mujeres pueden diferir de acuerdo con su clase o su cultura, todas coinciden en una experiencia diaria que es muy distinta a la del hombre. A consecuencia de esto, la mujer está excepcionalmente dotada para contribuir a crear una paz y una ausencia de conflicto duraderas.

Quiero aclarar que no estoy hablando de feminismo ni nada parecido. Estoy hablando de un poder natural que tenemos las mujeres, que debemos despertar y que nos llevará finalmente a descubrir nuestro verdadero ser, nuestra condición natural.

Es importante mostrarles a nuestros hijos que uno debe aprender a quererse, aceptarse y hacer lo que funciona para uno, y que eso no es ser egoísta. Ellos aprenden con nuestro ejemplo. Nos observan, no nos escuchan. Debemos darnos cuenta de que no podemos seguir dándoles el ejemplo de la debilidad o el sometimiento.

Confiar en nosotras mismas nos ayudará a atraer más paz y felicidad a nuestras vidas. Esto repercutirá en nuestras familias, en nuestras comunidades y en el mundo. El rol de la mujer es importantísimo, ya que ella es la fundación de la familia, la comunidad y el mundo. El gran cambio lo debemos hacer nosotras. Es nuestra responsabilidad y tenemos todo lo que necesitamos.

## Mujeres que trabajan por la paz

En una ocasión, en Maracaibo (Venezuela) les dije a mis estudiantes musulmanes que quería que me dieran la oportunidad de hablar con mujeres musulmanas. Ellos me ayudaron; reunieron a un grupo de mujeres y luego me invitaron para que yo pudiera compartir mi mensaje.

La persona que organizó la reunión no les dijo que yo era judía. Cuando durante mi charla les dije cuál era mi religión, se sorprendieron, pero ya en ese momento solo me veían como alguien que pensaba como ellas y buscaba las mismas cosas. Esto no debería sorprendernos, ya que todos somos una familia y queremos la paz. Les dije:

—Si lo pensáis bien, son nuestros hijos e hijas, las personas que más amamos, quienes están pagando el precio de nuestras guerras. Seguimos repitiendo nuestras memorias, seguimos peleando por nuestros ancestros y hacemos que nuestros hijos mueran por ello.

Los intelectos generan guerras. No saben cómo generar la paz. El intelecto cree que sabe más y continúa repitiendo las memorias de nuestros ancestros. La ira y el odio en Oriente Medio no son entre nuestros hijos e hijas, sino entre nuestros intelectos y memorias que se repiten sin cesar, procedentes de nuestros antepasados.

No podemos solucionar los problemas de las guerras en Oriente Medio con el mismo tipo de pensamiento que usamos cuando los creamos.

En Israel descubrí que, además de los numerosos grupos de judíos y palestinos que trabajan juntos en escuelas y a través del arte o por otros medios, también se están formando muchos grupos de mujeres. Esto nos tiene que llenar de esperanza porque prueba, una vez más, que no hay diferencias y que al soltar nuestras memorias, creencias y juicios de valor soltamos y borramos aquello que consideramos diferencias.

Voy a compartir una increíble historia. Batgal, una de nuestras asistentes y gran amiga en Israel, me envió un correo electrónico en el que me decía que estaba en Los Ángeles. Los Ángeles es enorme; cuando leí su correo, pensé que seguramente estaría muy lejos y que no podríamos vernos. Pero me sorprendí cuando me enteré de que estaba alojada relativamente cerca.

Batgal llegó a mi casa en bicicleta. ¡Estaba a solo quince minutos! ¡Normalmente es imposible trasladarse en esta ciudad sin un automóvil! Esa fue la primera coincidencia que experimentamos en su viaje a Los Ángeles.

Después me habló sobre uno de los eventos en los que había participado mientras estaba en Los Ángeles. Fue una reunión de mujeres llamada Braveheart Women, y me contó lo que estaban haciendo para unir a las mujeres palestinas y a las judías. Tenían la misma inspiración de trabajar con mujeres que yo había tenido durante años, ¡y ya lo estaban haciendo!

Cuando estaba organizando mi campaña por la paz, tenía bien claro que era algo que no podía hacer yo sola. Pues bien, el día que iba a ir a Tel Aviv, Laurie de Braveheart Women me llamó y me dijo:

—Deberías reunirte con Tamara.

Le envié un correo electrónico a Tamara desde Moscú en el que la informaba de que iba a Tel Aviv y que quería conocerla. Me respondió de inmediato. El primer día que estuve en Israel me escribió y me preguntó si podíamos almorzar ese día, pero yo ya tenía planes con Yael, mi representante en Israel. Le propuse que nos encontráramos para tomar un café después. Estuvo de acuerdo.

Yael me vino a buscar al hotel y ambas decidimos almorzar en la playa. Ella comenzó a caminar en una dirección, pero yo sugerí ir en otra. Cuando llegamos al restaurante, nos íbamos a sentar en una mesa, pero luego decidimos sentarnos en el otro extremo del salón. Comenzamos a hablar, pedimos la comida y continuamos charlando. De pronto, la persona que estaba sentada en la mesa contigua se acercó y me dijo:

—¿Eres Mabel?

¡Era Tamara!

¿Cuántas posibilidades hay de que, sin concertarlo, termináramos sentadas una junto a la otra, en el mismo restaurante en la playa de Tel Aviv? Es evidente que Dios había organizado el encuentro.

Tamara asistió a mis seminarios de Ho'oponopono y además compartimos momentos muy agradables en Israel, mientras conocíamos a otras mujeres y grupos interesantes. Me aseguré de conectarla con personas que conozco y que creo que la pueden ayudar en su gran misión allí.

Las mujeres *sí* podemos traer más paz al mundo si nos lo proponemos y especialmente si nos unimos y trabajamos juntas.

# Apéndice 1

## La expansión de Ho'oponopono

Recientemente tuve la extraordinaria oportunidad de presentar el entrenamiento de Zero Frequency® (mi sistema de técnicas creadas a partir del Ho'oponopono) en la Universidad Autónoma del Oeste (UANE) y en el Colegio Americano, ambos ubicados en Saltillo (México). Entre los asistentes estuvieron el decano de la Universidad, sus directores, profesores y personas con altos cargos en los departamentos de las distintas facultades, así como el director, los administradores y los maestros del Colegio Americano.

Debo admitir que al principio me preocupaba presentarme frente a este grupo tan altamente cualificado de profesores universitarios, pero me di cuenta de que estaban muy receptivos y felices de aprender sobre cómo estar en cero podía ayudarles a mejorar, no solo sus propias vidas, sino también las de sus colegas y estudiantes. Sabían que aquello podía ayudarles a encontrar sus propios talentos y a aprender cómo utilizarlos para atraer más felicidad y paz a sus vidas personales y profesionales y, a su vez, que esto podría hacer que cumpliesen su misión de una forma fácil y divertida.

Esta fue una experiencia inspiradora para mí. Tuve la oportunidad de confirmar una vez más que las almas formalmente educadas buscan lo mismo que todas las demás almas y que muchas de estas personas están abiertas a algo diferente y dispuestas a sincerarse e identificarse más allá de lo que sus intelectos les digan. Incluso la gente con mayor educación está comenzando a percibir que las antiguas formas ya no funcionan y que la única solución es un cambio a nivel mental que se ajuste a este nuevo paradigma que todos estamos enfrentando.

Esto es lo que me escribió el decano de la Universidad Autónoma del Oeste:

> Muchas gracias por compartir sus experiencias y conocimientos con respecto al programa Zero Frequency®. Nuestro personal se sintió gratamente sorprendido al ver cómo algo tan simple —o al menos eso es lo que usted nos transmitió— puede ser tan poderoso y tener la capacidad de transformarnos y, en consecuencia, ofrecer a nuestra universidad una mayor posibilidad de desarrollo.
>
> Regresar a cero y soltar las emociones y los hábitos negativos puede abrir un nuevo mundo. Es como empezar de nuevo, desde una nueva plataforma, donde somos capaces de mantener todos nuestros conocimientos y habilidades pero eliminamos todos nuestros límites autoimpuestos.
>
> HIGINIO GONZÁLEZ CALDERÓN, *decano*

Y esto es lo que escribió el director general del Colegio Americano, Jorge Alanís Villareal: «El seminario impartido fue una excelente filosofía que nos permitirá implementar importantes cambios en nosotros mismos y en nuestro medio ambiente».

Al día siguiente, cuando estaba por abordar el avión de vuelta a Los Ángeles, recibí una llamada. Era el decano Higinio González, que me hizo una nueva invitación. En esta ocasión ¡quería que presentase el método ante sus estudiantes!

No tengo duda de que todos estamos buscando lo mismo, no importa lo alta que sea la educación que hayamos recibido. En el fondo, todos buscamos paz, felicidad y libertad y, para ello, necesitamos comenzar a pensar de manera diferente y salirnos de esas cajas convencionales en las que nos hemos metido solos.

Acabo de compartir Zero Frequency® en Budapest, Bucarest, Madrid, Zagreb y Moscú, y espero poder compartirlo contigo muy pronto.

Me provoca una profunda felicidad ver cómo se expande esta ola de energía capaz de transformar a las personas y convertir el mundo en un lugar mejor.

# APÉNDICE 2

«El Ho'oponopono me ha mostrado el camino
para alcanzar mi liberación total»

*El testimonio de Mauricio E.*

*En la Era del Piojo*

Si tuviera que describir mi experiencia con el Ho'oponopono en una sola frase, sería esta: «El Ho'oponopono me
ha mostrado el camino para alcanzar mi liberación total».

Mi inicio en el Ho'oponopono se dio hace tres años a
raíz de un episodio que en ese momento catalogué como
trágico: a mi esposa le fue diagnosticado un cáncer («gracias,
gracias, gracias»).

A partir de ese momento me embarqué en una tragicomedia dirigida por mi propio intelecto. Su historia se desa-
rrollaba en mi país de origen, Colombia. Sus personajes eran
mis seres queridos, amigos, conocidos, etcétera. La trama,
una víctima del destino (yo), quien tenía una vida apacible y
despreocupada hasta que descubre una mañana cualquiera

que sus temores (memorias) se hacen realidad: su esposa padece una enfermedad potencialmente mortal. Sus oportunidades laborales se cierran y su relación de pareja se convierte en la de dos personas que se encapsulan durante una estación de sequía esperando el tiempo apropiado para vivir nuevamente.

Por supuesto, mi papel protagonista en esta puesta en escena llegó incluso a tener su encanto, toda vez que los otros actores (amigos y familia) de forma magistral daban vida a su personaje siguiendo el libreto que yo les dictaba (hoy comprendo que esto es literalmente cierto, que todos ellos eran mi creación y actuaron gobernados por mis memorias).

En mi familia se usa mucho una expresión coloquial que dice: «Entró en la época del piojo». Esto equivale a *siete años de mala suerte*. Me sintonicé con esta memoria de forma automática haciéndola mía («lo siento, por favor perdóname por aquello que ha creado esto»). Mientras la humanidad se estaba preparando para hacer la transición a la Era de Acuario, yo me preparaba para la Era del Piojo. Esa fue mi condena, mi decisión. Eso era lo que me dictaba el intelecto. Eso era lo que le garantizaba a mi ego su estatus como estrella del espectáculo.

## Mi desembarco en el puerto de la espiritualidad

Por fortuna, todas las dimensiones de mi vida (trabajo, pareja, salud) se tambaleaban. Digo que esto fue una fortuna porque la tormenta de mi ego fue tan fuerte que me arrojó a las costas de las prácticas espirituales, cosa que habría sido imposible para una persona como yo, siervo de los símbolos de su propio ego e incrédulo por definición. Si me pusiera a enumerar estos símbolos, probablemente nunca acabaría, toda vez que dan forma al equipaje compuesto por todas las memorias que vengo recogiendo a lo largo de las incontables vidas que he vivido desde el principio de la creación hasta el presente.

Cuando llegué a la costa de las prácticas espirituales, quedé abrumado por el pandemonio de gurús, sanadores, sacerdotes, motivadores, guías espirituales, astrólogos, numerólogos, prestidigitadores, brujos, sabios, meditadores, chamanes, etc., todos ellos autoproclamados dueños de la verdad y poseedores de toda clase de sortilegios que te permiten alcanzar el nirvana en la Tierra. En medio de este Vietnam de soluciones a los problemas del ser me di a la tarea de experimentar muchas cosas, además de inventarme mis propias recetas con los mejores ingredientes de los miles de platos a mi disposición. En este proceso de ensayo y error, ¡fui encontrado por libros (sí, los libros me encontraron a mí) que me hicieron consciente de que el mundo externo, o mi universo conocido, es el resultado de mi propia creación! Practiqué varias técnicas y obtuve resultados igualmente variables.

## *Mi descubrimiento del Ho'oponopono*

Finalmente llegó a mí un artículo de Joe Vitale sobre Ho'oponopono titulado «El terapeuta más inusual del mundo».

En este punto de la historia sentí en el corazón que este misterioso proceso hawaiano de resolución de problemas me permitiría alcanzar el escurridizo nirvana. A partir del artículo de Joe Vitale me entregué de forma frenética a la tarea de querer conocer más acerca del Ho'oponopono, así que le pedí al universo información sobre el tema, y este dijo: «Tus deseos son órdenes». Acto seguido, los cielos se abrieron, desatando sobre mí una tormenta de información de todos los olores, colores y sabores.

Empecé a incorporar a mis prácticas las herramientas de Ho'oponopono disponibles en Internet. Al principio la técnica se me antojó como el ingrediente perfecto para mis propias recetas para aliviar los asuntos del ser. ¡Ay!, si el doctor Hew Len conociera mis técnicas mejoradas, se pondría verde de la envidia... Sin embargo, en algún punto de mi febril incursión en las teorías de la superación personal encontré el libro *El camino más fácil*, de Mabel Katz (gracias, Mabel). A partir de ese momento comencé a entender con el intelecto y con el corazón lo que uno y otro necesitaban saber para encontrar las soluciones correctas y perfectas a mis problemas. Igualmente, en la medida en que empecé a hacer más y más limpieza a través de las herramientas del Ho'oponopono, también comencé a encontrar la información correcta para mí y muchas de las respuestas a mis preguntas empezaron a aparecer mágicamente en los vídeos de entrevistas y talleres de Mabel disponibles en Internet (gracias de nuevo). A propósito, desde ya estoy haciendo mi limpieza para encontrar el camino más fácil hacia el seminario que vas a realizar en Colombia, Mabel.

## La manera de vencer a los demonios

En la medida en que fui aprendiendo a limpiar, mágicamente empezaron a aparecer personas que me tendieron su mano. También empezaron a abrirse puertas con las que no contaba. Viendo las cosas en retrospectiva, me doy cuenta de que los salvavidas del cosmos llegaban cuando realmente me dedicaba a limpiar todo el tiempo. Desafortunadamente, solo hacía esto en las épocas más críticas (el gran reto del Ho'oponopono es hacerlo todo el tiempo. Por eso he escrito este artículo, como un recordatorio para mí mismo).

Sin hacer ninguna otra cosa diferente al Ho'oponopono, la trama de la tragicomedia que desaté sobre mi vida empezó a desenlazarse. Ahora entiendo que no necesito de nada de ni de nadie para solucionar mis problemas. Solo necesito aceptar el cien por cien de la responsabilidad de todo lo que sucede. Si yo creo mi propia realidad, a través de la limpieza puedo enmendar todo aquello que no es correcto y perfecto. De esta forma puedo vencer a los demonios, es decir, las memorias que llevo dentro.

## La salud de mi esposa

Mi esposa, con su sabiduría innata, nunca le dio poder a la enfermedad. Nunca se quejó; nunca se resistió. Ella solo pasaba página frente a lo que para mí eran tragedias: la caída del pelo, los síntomas de la quimioterapia, la cirugía, las quemaduras de la radioterapia, etcétera.

Cuando la puse en contacto con el Ho'oponopono y encontrábamos nuevas respuestas a nuestras preguntas sobre este proceso, ella solamente esbozaba una sonrisa que confirmaba lo que ya sabía: que la enfermedad era solo un espejismo, un reflejo de algo; que bastaba con no darle poder.

Alguien le dijo a mi esposa que en otra vida había sido una chamana, una curadora. Debe de ser cierto. Mientras ella levitaba sobre el problema y se sanaba soltando, yo luchaba contra esa enfermedad que un médico describió como una bestia con patas de ratón y cabeza de dragón. Por fortuna, encontré el Ho'oponopono para ayudarme a soltar, con lo que evité arrastrar a mi esposa conmigo al pantano de mis propios temores.

Hoy mi esposa está bien de salud. Los exámenes que le practican periódicamente salen perfectos.

## Nuestra relación

Encontramos la sabiduría para dejar pasar los momentos más tensos. Hoy tengo claro que estamos juntos porque tenemos muchas cosas que limpiar y coincidimos en esta vida y en este tiempo para enmendar entre nosotros las tensiones entre hombres y mujeres, que tienen lugar desde el origen de nuestra especie. Haciendo Ho'oponopono hemos logrado conjurar cada nube negra que se ha cernido sobre nuestra relación y hoy formamos una pareja más sólida que hace tres años.

## Nuestra vida laboral

Cuando el tratamiento de mi esposa se encontraba en su etapa más difícil, logré un trabajo bien remunerado, relativamente estable, que además le proporcionaba a mi ego un sentido de poder y superioridad. Esta experiencia se constituyó en una de las grandes rupturas de mi vida laboral, toda vez que nunca había tenido una relación tan desastrosa con mis jefes. Además, todo parecía conjurarse para que las cosas no salieran. Hice bastante Ho'oponopono y sucedió lo correcto, es decir, justamente lo contrario de lo que estaba esperando. La relación con mis jefes no mejoró. Al término de un año, mi contrato no fue renovado y a mí tampoco me interesó, pero las metas se cumplieron y salí con la frente alta, esta vez con el deseo de trabajar independientemente.

Después de un buen tiempo de no encontrar empleo, mi situación económica se tornó crítica y en consecuencia volví a practicar Ho'oponopono todo el tiempo. Ese es mi talón de Aquiles: solo recuerdo hacerlo de forma incesante cuando tengo el agua al cuello («gracias, gracias, gracias»).

Los resultados no se hicieron esperar. Me salió una oferta de empleo que me permitía manejar mi tiempo; además, y para mi sorpresa, se materializó uno de los sueños que venía empollando desde que era universitario. Mis dos mejores amigos, que fueron jefes míos, decidieron darle vida a nuestra firma de consultoría. Durante una década, todos los años sin excepción encontrábamos las excusas perfectas para no empezar. Sin embargo, de la noche a la mañana, un día que me hallaba fuera de la ciudad donde vivo (Bogotá) me llamaron para decirme que regresara para formalizar mi ingreso en nuestra nueva sociedad. Hoy en día la firma tiene un año de vida, tiempo durante el cual tuvimos seis meses prósperos y seis con la facturación congelada (durante los seis meses de prosperidad descuidé mi limpieza; «gracias, gracias, gracias»).

El día de ayer, 19 de enero de 2011, sentí la necesidad imperiosa de escribir este artículo. En principio lo hice con el deseo de que fuera publicado. No obstante, al escribir la primera letra tuve la claridad de que este ejercicio era un proceso de limpieza, y así fue. Con cada palabra y cada línea empezaron a aflorar cientos de cosas sobre la cuales he podido limpiar.

A propósito, ayer dediqué tres horas de la mañana a trabajar en este texto, y a eso de las ocho de la tarde recibí la llamada de uno de mis socios para informarme de que habíamos ganado una licitación que garantiza el funcionamiento de nuestra firma durante diez meses. ¿Será acaso esto una coincidencia?

Ahora mi negocio tiene con qué operar. Solo falta ponerlo a producir. Mientras escribo esto, estoy limpiando para encontrar el camino más fácil hacia nuestra consolidación financiera.

El 4 de enero de 2011, mi esposa recibió una oferta laboral por un año. Este nuevo salvavidas llegó después de ocho años de estar dedicada a empleos temporales esporádicos. ¡Interesante! ¡Como regla matemática, este nuevo regalo llegó después de dos meses críticos en los cuales nos acordamos de limpiar permanentemente! ¡Qué poderoso es mi intelecto! ¡Logra sacarme de la ruta hacia el nirvana para llevarme al valle de lágrimas de mi propio ego!

## *Para finalizar*

Quiero aclarar que estas palabras las he escrito para mí. Las pocas horas que he dedicado a esta labor las he asumido como una meditación para seguir limpiando aquellas memorias en mí que persisten en perpetuar la tragicomedia que acabo de compartir.

Entiendo perfectamente que todos aquellos que lleguen a leer estas líneas solo existen dentro de mí. En este orden de ideas, si alguien se siente inspirado a limpiar cualquier cosa que pudiese surgir, solamente estará ayudándome a alcanzar mi liberación total. A partir de este momento pongo punto final a mi tragicomedia y dejo que el telón de la vida se levante de nuevo. ¡Que dé inicio pues una nueva función! Esta vez me asiste la serenidad inconmovible de saber que este mundo que sirve de escenario para nuestras vidas no es un valle de lágrimas; es solamente un valle en cuya entrada se lee la siguiente inscripción: «La paz empieza conmigo».

MAURICIO E.
*Colombia*
*20 de enero de 2011*

# APÉNDICE 3

## RECURSOS DE PAZ Y HO'OPONOPONO

Foro privado de Ho'oponopono

*www.Hooponopono-Espanol.com*

El apoyo sagrado de Ho'oponopono nos ha mostrado que mantiene a nuestros miembros en esa sintonía perfecta de la limpieza a través de la Salud, Soledad, Abundancia y Felicidad.

Cuando te comprometes a recibir apoyo consistente, recibes resultados consistentes.

Como Miembro de la comunidad Sagrada de Ho'oponopono, obtienes recursos semanales y una Comunidad que te recuerda cómo mantenerte Presente y Soltar.

Campaña mundial de paz – La paz comienza conmigo

*www.pazinteriorESpazmundial.com*

«Paz interior ES paz mundial» es el tema que conectará a la gente de todo el mundo que se pronunciará a favor de la paz y afirmará: «¡La paz comienza conmigo!».

El mensaje es claro: es tiempo de unirnos a escala global para crear paz interior y de ese modo difundir paz en el mundo.

¡Emprende la acción y únete a nosotros! Juntos podemos marcar la diferencia.

Asegúrate de registrarte en la Newsletter de Paz y descubre cómo puedes difundir la paz en el mundo.

Encuentra productos de paz aquí:

*www.pazinteriorESpazmundial.com/difunde-paz-mundial*

## Imagina... Reconstruyendo tu vida en 40 días y 40 noches

*www.ElCaminoMasFacil.com/40dias*

Mabel te invita a un viaje maravilloso de inspiración y te apoya para que encuentres la forma de salir del «desierto de tu mente» hacia las «tierras fértiles» de todas las posibilidades.

Invirtiendo solo diez minutos por la mañana y diez minutos por la noche mejorarás cuarenta partes de tu vida.

## Recursos GRATIS en español sobre Ho'oponopono

*www.ElCaminoMasFacil.com/recursos*

Información sobre Mabel Katz, calendario de eventos, audios, vídeos y recursos únicos.

## Blog de Mabel, testimonios e historias sobre Ho'oponopono

*www.Hooponopono-Espanol.com/blog*

Lee los últimos *posts* de Mabel en su blog, artículos y más. Comparte tu historia en relación con el Ho'oponopono y deja un comentario.

## Zero Frequency® de Mabel Katz

*www.ZeroFrequency.info*

Zero Frequency® es tu Estado Natural. La frecuencia perfecta, sin estática ni malas conexiones, sin memorias, sin programación, sin juicios, sin opiniones, sin luchas, sin temores; solo inspiración pura. En cero descubres tu verdadera identidad —conocer tu verdadera identidad es la clave para encontrar tu paraíso. Déjanos tu testimonio en mensaje de voz o texto: (512) 827 0505, ext. 6468 o support@mabelkatz.com. A Mabel le encantará escuchar tu testimonio acerca de cómo ella ha cambiado tu vida.

## Páginas oficiales de Mabel Katz

*www.ElCaminoMasFacil.com*

*www.Hooponopono-Espanol.com*

*www.PazinteriorESpazmundial.com*

*www.ZeroFrequency.info*

¡Recibe inspiración diaria en las redes sociales!

Sigue a Mabel en Twitter
*www.twitter.com/MabelKatz*

Sigue a Mabel en Facebook
*www.facebook.com/MabelKatzFanPage*

Sigue a Mabel en YouTube
*www.youtube.com/MabelKatz*

# Sobre la autora

Dame Mabel Katz nació en Argentina y se mudó a Los Ángeles en 1983, donde tuvo éxito como contadora, consultora de empresas y asesora fiscal. En 1997 fundó su propia empresa, Your Business, Inc., un paso que no solo incrementó su propio éxito sino que también mejoró su habilidad para trabajar de forma más directa con otras personas. Su empresa prosperó, ayudando a que tanto compañías nuevas como otras ya establecidas se expandieran y crecieran.

Mabel amplió su contribución a la comunidad latina de Los Ángeles gracias a la creación y producción de un programa de radio y televisión semanal llamado *Despertar*, y luego con un programa de televisión diario, *El show de Mabel Katz*. Con la intención de brindar una nueva conciencia sobre mejores elecciones de vida a la comunidad latina, sus *shows* combinaban las mejores características de Oprah Winfrey, Suze

Orman y Rachael Ray. Como resultado de su trabajo en los medios, de sus conferencias y seminarios, se hizo famosa en la comunidad de habla hispana como la *Oprah Winfrey latina*. Mabel ha recibido numerosos premios prestigiosos en el ámbito local y nacional, que reconocen sus logros con las empresas y las comunidades locales.

A pesar del éxito de su empresa y de la fama que obtuvo en los medios, Mabel eligió dejar esa vida para seguir el deseo de su corazón. Pasó a dedicar sus prodigiosos talentos y su poderoso impulso a ayudar a personas alrededor del mundo con lo que ha aprendido y continúa aprendiendo de Ho'oponopono.

Al estudiar y aprender con el maestro de Ho'oponopono el doctor Ihaleakalá Hew Len, Mabel profundizó su aprendizaje. Estuvo expuesta veinticuatro horas al día durante más de una década a los *secretos más allá del Secreto* de este antiguo arte hawaiano destinado a solucionar problemas. Con esta base, Mabel creó sus exclusivos talleres y brinda su sabiduría y sus dones de una manera sencilla y práctica, como es su característica, a las audiencias de muchos lugares del mundo.

También escribió el libro *El camino más fácil*, que fue ampliamente alabado tanto por lectores como por líderes de opinión, además de otras obras, incluida una maravillosa para niños, y sus trabajos han sido publicados en inglés, español, coreano, portugués, sueco, alemán, francés, ruso, chino, italiano, checo, hebreo, japonés, croata, húngaro, polaco y rumano.

En el presente, Mabel tiene la agenda ocupada con charlas y seminarios a escala mundial. Imparte talleres y conferencias en toda Europa, China, América Central y América del Sur, así como a lo largo de los Estados Unidos y Canadá. En sus charlas a menudo comparte el modo en que utilizó con otros lo que aprendió para obtener una vida satisfactoria y exitosa de viajes, conferencias y trabajo, para que puedan crear la vida que solo habían osado imaginar.

Sus presentaciones, basadas en el cien por cien de la responsabilidad, el perdón y la gratitud, se enfocan en modos prácticos de alcanzar lo que ella denomina Zero Frequency®, estado en el que nos liberamos de memorias restrictivas y de reflexiones limitadoras. Desde la claridad de cero surgen soluciones maravillosas y podemos tomar excelentes decisiones.

Mabel también es reconocida por su tarea en pos de la paz mundial. Ha hablado frente a senados nacionales y otros organismos gubernamentales influyentes, así como en las Naciones Unidas en Viena. También se ha dirigido a audiencias multiculturales, incluidas algunas de diversos orígenes étnicos en Oriente Medio.

Mabel está disponible para realizar conferencias, charlas y seminarios a ejecutivos, gerentes, empleados, individuos y niños.

Para información sobre los talleres, seminarios y conferencias de Mabel o para pedir libros, puedes contactar con la autora:

**Your Business Inc.**

PO Box 427
Woodland Hills, CA 91365
Teléfono/Fax: (818) 668 2085

support@mabelkatz.com
www.ElCaminoMasFacil.com
www.PazinteriorESpazmundial.com
www.ZeroFrequency.info

Para saber dónde impartirá Mabel sus próximos talleres, visita www.ElCaminoMasFacil.com/eventos

Puedes leer el testimonio de personas que se han beneficiado con el Ho'oponopono en:
www.ElCaminoMasFacil.com/testimonios

# ÍNDICE